ANNA GASIOROWSKA

Créatrice du compte Instagram
@lapetitebudgeteuse

MIEUX GÉRER MON *argent* POUR VIVRE MIEUX

LAROUSSE

ANNA
La Petite Budgeteuse
c'est qui exactement ?

Je crois qu'il est important que je me présente. Car c'est vrai, après tout, qui est cette femme qui vous donne des conseils sur la gestion de votre argent ?

Ce serait sans doute le moment opportun de dégainer mes diplômes pour donner de la légitimité à ma démarche… hum… En réalité, des diplômes, j'en ai, mais aucun qui soit en lien avec les finances ou la gestion.

Est-ce grave, Docteur ?

Pas vraiment. Pourquoi ?

- **PREMIÈREMENT,** parce que je sais qu'on n'a pas besoin de faire des études particulières pour apprendre à bien gérer son argent.
- **DEUXIÈMEMENT,** parce que je suis persuadée qu'on guide mieux son prochain sur un chemin qu'on a soi-même parcouru.
- **TROISIÈMEMENT,** parce que je suis convaincue que l'expérience et le vécu ont davantage de valeur que la théorie quand il s'agit d'une problématique plus humaine que mathématique.

JUSQU'À L'ÂGE DE 38 ANS, J'ÉTAIS COMPLÈTEMENT PAUMÉE AVEC MON ARGENT.

Je n'établissais jamais de budget. Je ne voyais aucun intérêt de le faire. Pire, ça me déprimait !

J'avais pour habitude de côtoyer le découvert, de vivre au jour le jour, mois après mois, et tout simplement de ne jamais épargner. J'ai connu les chèques refusés, la carte qui « ne passe pas », des saisies sur le compte bancaire, des achats à crédit et même, pendant une courte période, l'interdit bancaire et la honte qu'il implique. Mais je ne me suis jamais vraiment remise en cause : je me disais que ce n'était pas de ma faute.

Je pensais que je manquais d'argent parce que j'avais des revenus insuffisants. À 30 ans, j'ai repris mes études pendant trois ans pour obtenir un master en ressources humaines. Cette initiative s'est avérée très rentable puisque **JE SUIS PASSÉE D'UN SALAIRE DE 1 500 € À 3 500 € NET PAR MOIS.** Je l'ai vécu comme un choc : je n'avais jamais imaginé gagner une somme pareille. Mais paradoxalement, mes problèmes financiers n'ont pas disparu avec l'augmentation de mes revenus. Au contraire !

Je venais de me séparer de mon conjoint quelques mois auparavant, je devais acheter plein de choses pour mon nouveau chez-moi. Et puis, j'avais envie de voyager. Et d'une nouvelle voiture. Et de plein d'autres trucs encore. D'ailleurs, pourquoi pas investir dans un appartement ?

JE ME SUIS VRAIMENT CRUE RICHE. Avec mon salaire confortable, je ne voyais aucun intérêt à me pencher sur mon budget, à faire mes comptes. Je n'avais en réalité aucune éducation financière, même pas les bases. Résultat : mes dépenses ont finalement augmenté bien plus que mes revenus.

Très rapidement, j'ai commencé à terminer les mois à découvert. Puis j'ai essuyé des refus de paiement par carte bancaire aux alentours du 15 du mois (signe que j'étais déjà au maximum du découvert autorisé). Les primes occasionnelles que je touchais me permettaient heureusement de rembourser à point nommé mon découvert pour me remettre à flot… mais il réapparaissait comme par magie. Je pense qu'à cette période-là, je ne savais absolument pas où allait mon argent. Je payais tout en prélèvement, virement, chèque, carte. Je n'avais qu'une vague idée de la somme totale de mes dépenses fixes.

Je regardais pourtant mes relevés bancaires tous les jours ! Mais le solde de mon compte ne reflétait pas la réalité. En gros, je dépensais carrément tout, sans me soucier de savoir s'il y avait des prélèvements à venir.

Avoir un découvert qui restait dans les limites de mon autorisation me semblait normal. Je ne voyais pas ce qu'il y avait de mal à cela. Je me disais toujours que le mois prochain je ferais attention. Je trouvais aussi que c'était normal d'avoir plusieurs crédits à rembourser – tout le monde a des crédits, et puisqu'ils ne coûtent pas si cher que ça en intérêts, pourquoi s'en priver ?

AVEC UN TEL ÉTAT D'ESPRIT, LA SITUATION NE POUVAIT PAS S'AMÉLIORER. Pire, elle empirait. En réalité, je courais à la catastrophe. Le résultat de cette négligence financière ? Plus de 18 000 € de dettes entre les crédits à la consommation, mon découvert et ma carte de crédit American Express.

Au cours de l'été 2019, plusieurs événements m'ont fait prendre conscience que j'étais en train de faire n'importe quoi avec mon argent et que ma négligence me mettait en danger. Je suis passée par plusieurs émotions – la honte, la colère, le désespoir –, mais cela ne m'a pas empêchée de prendre la ferme décision de changer ma façon d'utiliser l'argent. **POUR REDRESSER LA BARRE, J'AI RÉSOLU DE M'INFORMER SUR LA MEILLEURE FAÇON DE PRENDRE LES CHOSES EN MAIN. J'AI ÉGALEMENT DÉCIDÉ DE PARTAGER MA DÉMARCHE SUR INSTAGRAM.** Jour après jour, j'ai montré quelles solutions j'adoptais, quelles méthodes j'utilisais et à quels outils je recourais. Et surtout, j'ai essayé de décrire aussi honnêtement que possible mon changement d'état d'esprit vis-à-vis de l'argent.

Dans cette démarche, j'ai toujours été totalement transparente sur mes chiffres. Cela pour deux raisons :

• Le fait de voir les sommes réelles permet aux autres de se projeter plus facilement et de mieux comprendre les méthodes.

• Je souhaite montrer qu'une organisation adaptée, de la rigueur et de la patience constituent des clés pour retrouver une sérénité financière.

Je suis persuadée que, si on focalise son attention sur un domaine en particulier, si on lui consacre un peu de temps, si on augmente ses compétences, il n'y a pas de raison que la situation ne s'améliore pas.

Il ne m'a fallu que quelques mois pour que mes finances respirent le bonheur. Puis 16 mois pour rembourser mes 18 560 € de dettes.

Mieux ! Aujourd'hui, j'apprends aux autres comment mieux gérer leur argent et je propose des solutions pour le faire de façon ludique. Je crois que ma force se situe surtout dans ma capacité à donner aux gens envie de s'occuper de leur argent, en leur montrant que cette activité peut être ludique et fun. Et surtout qu'**EN FINIR AVEC LES FINS DE MOIS DIFFICILES EST À LA PORTÉE DE TOUT LE MONDE.**

SOMMAIRE

Petit
Budget
Planner
Cahier des Finances Personnelles
Suivi dépenses CB

AVANT-PROPOS

Les échanges que j'ai pu avoir avec des centaines de personnes sur les réseaux sociaux m'ont ouvert les yeux sur un grand problème de société : nous sommes vraiment nombreux à être en galère d'argent…

Ce qui m'a le plus frappée, c'est que, contrairement à ce qu'on pense, ce problème n'est pas forcément lié à des revenus insuffisants. Il réside beaucoup trop souvent dans la perte du contrôle de nos dépenses et dans le fait de vivre au-dessus de nos moyens.

J'ai quelques remarques à vous faire, avant de vous laisser vous plonger dans ce livre.

PREMIÈREMENT : VOUS NE TROUVEREZ PAS ICI DE MÉTHODE MIRACLE POUR DEVENIR RICHE. Ce que je vous propose cependant, c'est une prise de recul et un appel au bon sens. J'ai envie de vous faire comprendre que la clé d'une situation financière saine se trouve dans votre capacité à vivre pleinement avec ce que vous avez déjà. Je suis persuadée (car je l'ai testé sur moi) que le chemin vers la sérénité financière ne réside pas dans la recherche constante d'une augmentation de nos revenus, mais passe en priorité par la reprise du contrôle de l'argent que nous avons déjà.

DEUXIÈMEMENT : JE NE CACHE JAMAIS QU'IL FAUT UNE BONNE DOSE DE RIGUEUR, DE PATIENCE ET D'ORGANISATION pour sortir d'une situation financière compliquée et atteindre des objectifs financiers ambitieux. Mais quand on a une bonne méthode, adaptée à sa situation, et qu'on décide de rendre le processus plus fun, ça motive davantage !

Parce qu'on accompagne mieux lorsqu'on a parcouru soi-même le chemin, je vais me servir de mon histoire personnelle pour illustrer certains concepts. Car oui, moi-même, par manque d'éducation financière, mais surtout par négligence, je me suis retrouvée avec un endettement excessif (plus de 18 000 € de crédits à la consommation). C'est aujourd'hui de l'histoire ancienne : je peux donc partager avec vous mon expérience.

CE LIVRE EST LÀ POUR VOUS RÉCONCILIER AVEC VOS FINANCES PERSONNELLES. Durant toute notre vie, nous sommes confrontés à des choix qui influencent notre situation financière. Ces choix peuvent être vraiment importants (l'achat d'un appartement ou d'une voiture), moyennement importants (les vacances) ou plus petits (les achats faits au quotidien).

Le mode d'acquisition de ces biens (comptant ou crédit), notre perception et nos croyances sur l'argent font que, parfois, on se retrouve en difficulté sans savoir quelles solutions apporter pour faire machine arrière. D'où l'importance d'avoir une certaine éducation financière pour garder la maîtrise de son argent.

Beaucoup d'entre nous (et je l'ai été pendant la majeure partie de ma vie) n'ont pas d'objectifs financiers. Ils vivent d'une paie à l'autre, dépensant la totalité de ce qu'ils gagnent sans savoir réellement où part leur argent. Ils sont comme un tuyau : l'argent arrive et s'en va, tout simplement. On est rarement satisfait de sa situation dans ce cas-là, mais concrètement, on ne sait pas vraiment quoi faire pour que cela change. **PARFOIS, ON NE COMPREND MÊME PAS QUE LA SITUATION SE DÉGRADE.** Un peu comme dans la fable de la grenouille que l'on place dans de l'eau froide, puis qu'on chauffe à petit feu. Elle reste tranquille et s'habitue, s'engourdit, puis finit ébouillantée. Si les changements néfastes s'effectuent suffisamment lentement, ils nous échappent ! Comme ce découvert qui devient de plus en plus important d'un mois à l'autre, sans qu'on s'aperçoive du danger qu'il représente.

Tout ce que vous lirez ici est basé sur du bon sens et des méthodes simples. Je pense que, en matière d'argent, un retour aux bases et une grande prise de recul sont nécessaires.

Mon but n'est bien évidemment pas de vous pousser à arrêter toutes les dépenses plaisir, à rejeter définitivement les crédits et à vous convaincre que seule une vie frugale a du sens. Non, rien de tout ça. Moi-même, j'aspire à vivre ma vie pleinement et à pouvoir me permettre des voyages et des beaux objets. Ce que j'ai envie de vous faire comprendre, c'est **L'IMPORTANCE DE DÉPENSER VOTRE ARGENT EN TOUTE CONSCIENCE, SELON VOS MOYENS ET DANS UN CERTAIN ORDRE DE PRIORITÉ.**

J'ai envie que vous compreniez que l'argent a un grand pouvoir. Ce qu'il faut, c'est lui donner de l'attention. Quand on le néglige, il a tendance à s'échapper !

C'est ce qu'on va faire dans ce livre :
on va s'occuper de notre argent.

©BCE ECB ЕЦБ EZB EKP EKT ESB EKB BĆE EBC 2017
50
mentation
©BCE ECB ЕЦБ EZB EKP EKT EKB BĆE EBC 2015
20
EURO
ΕΥΡΩ
Sorties
©BCE ECB ЕЦБ EZB EKP EKT EKB BĆE EBC 2015
20
abillement
©BCE ECB ЕЦБ EZB
20
10

Votre argent ET VOUS

- 1 -

IL EST SI FACILE *de négliger son argent*

On pense couramment qu'avoir des problèmes financiers est forcément lié à un manque d'argent. C'est bien évidemment la réalité de certaines personnes qui vivent en deçà du seuil de pauvreté, avec des revenus insuffisants pour couvrir les besoins les plus élémentaires comme un logement décent, la nourriture et le transport.

Néanmoins, on se rend compte que les problèmes financiers, tels que l'endettement excessif, le découvert, l'absence d'épargne de précaution, sont présents même chez ceux qui ont, en théorie, suffisamment d'argent pour vivre correctement.

La réalité est triste : **À MESURE QUE LE SALAIRE AUGMENTE, CERTAINES PERSONNES DEVIENNENT IMPRUDENTES.** Elles adoptent une posture qui consiste à se dire : « Puisque je gagne correctement ma vie, je n'ai pas besoin d'être très regardant sur mes dépenses ». Grande maison, belle voiture, voyages, nombreux achats plaisir, restaurants, livraison des repas à domicile… augmentent les coûts mensuels du foyer jusqu'à un niveau absurde.

Pourtant, beaucoup ne sont même pas conscients de vivre au-dessus de leurs moyens. Car comment le savoir si on ne connaît pas précisément ses revenus et ses différentes postes de dépenses ? En l'absence de ces données, **IL N'EST VRAIMENT PAS DIFFICILE DE SE RETROUVER À DÉPENSER PLUS QUE CE QU'ON GAGNE.**

C'est peut-être difficile à croire, mais des finances personnelles en mauvais état sont très souvent causées par une attitude complètement négligente vis-à-vis de son argent.

Ce qui est paradoxal, c'est qu'**ON PASSE BEAUCOUP DE TEMPS ET D'ÉNERGIE À GAGNER DE L'ARGENT ET VRAIMENT TRÈS PEU À LE GÉRER.** Connaissez-vous beaucoup de personnes qui établissent un budget et un suivi des dépenses (question piège, car comme c'est un sujet tabou, il est difficile de savoir comment font les gens) ?

Comment se donner des limites, comment faire des choix de consommation raisonnables, si notre vision de la quantité de nos ressources disponibles et de nos dépenses est totalement floue ?

Ce manque d'objectivité causé par l'absence totale d'une gestion de l'argent provoque un sentiment d'insatisfaction à propos de nos finances. **LA NÉGLIGENCE FINANCIÈRE FAIT DE NOUS DES CONSOMMATEURS TRÈS INFLUENÇABLES FACE AUX INCITATIONS PERMANENTES DE PASSAGE À L'ACHAT.**

> *Je suis persuadée que, si tu focalises ton attention sur un domaine en particulier, si tu lui consacres du temps, il n'y a pas de raisons pour que la situation ne s'améliore pas. C'est vrai bien évidemment pour la gestion de ton argent.*

Les Français sont désormais, avec les Espagnols, les plus endettés de la zone euro. La part des ménages endettés pour un motif de consommation est de 27 % (source INSEE 2016) !

On ne va pas se mentir, aujourd'hui, partout où on regarde, on nous incite à dépenser de l'argent. Et on le fait, consciemment ou pas. Vu que nous ne connaissons pas nos limites (pas de budget), nous sommes devenus une génération de consommateurs excessifs.

Excessifs par rapport à ce qu'on peut se permettre au niveau individuel, mais aussi au niveau de la société. Le marketing bien rodé suscite le désir d'avoir toujours plus et détourne nos vraies passions vers des choses matérielles qui ne nous rendent pas vraiment heureux.

Nous achetons des choses plus ou moins nécessaires, souvent avec l'argent que nous n'avons pas – en utilisant le paiement différé ou en plusieurs fois, ou encore des crédits à la consommation. **VIVRE À CRÉDIT EST DEVENU UNE NORME : ON ROULE DANS LES VOITURES À CRÉDIT, ON MEUBLE NOS APPARTEMENTS À CRÉDIT, ON VOYAGE À CRÉDIT.** Paradoxalement, on se considère assez riche pour payer les mensualités, mais pas assez pour épargner la même somme. Je comprends : les taux d'intérêt qui ne couvrent même pas l'inflation sont venus décourager les épargnants. Malgré l'apparition d'une nouvelle génération d'investisseurs qui cherche les placements à haut rendement, la notion de l'épargne pour un projet n'a plus de sens pour beaucoup d'entre eux. Quant au crédit, il a la réputation de n'être pas cher et d'être facilement accessible. Alors à quoi bon attendre et épargner plusieurs mois, voire plusieurs années, si, avec un petit crédit, on peut réaliser ses rêves tout de suite ? Certes, il va falloir le rembourser pendant de longs mois… mais où est le problème, puisqu'il ne s'agit que de quelques dizaines d'euros par mois ?

NOUS SOMMES VICTIMES DE LA GRATIFICATION IMMÉDIATE. Nous ne savons plus attendre, nous dire « pas encore », on veut et on pense avoir le droit d'avoir tout et tout de suite.

On a tort de sous-estimer les effets néfastes des crédits. Très souvent, le crédit, qui était un moyen de s'offrir un plaisir plus au moins instantané, devient rapidement un boulet qu'on traîne avec de plus en plus de difficulté. **EN PLUS DE PAYER LES INTÉRÊTS, ON FAIT AUSSI UNE CROIX SUR UN BIEN TRÈS IMPORTANT : NOTRE LIBERTÉ.** On devient « un esclave » qui continue à payer pour le passé sans pouvoir envisager le futur (en tout cas, pas avant d'avoir fini de rembourser). Comme nos dépenses fixes augmentent, il est de plus en plus difficile de prendre des risques et d'envisager, par exemple, une reconversion professionnelle. Beaucoup de personnes sont véritablement prisonnières de leur emploi, condition indispensable pour pouvoir assumer leurs engagements financiers.

Cela me ramène à mon propos principal : **LE MANQUE DE GESTION ET D'ORGANISATION PERMETTANT L'UTILISATION CONSCIENTE DE NOTRE ARGENT.**

Je consacre aujourd'hui plusieurs heures par mois à regarder mes comptes, à noter et analyser mes dépenses, à faire mon budget prévisionnel, à planifier mes projets, à m'interroger sur mes choix et mes envies et à me former.

Cette attention, ce temps que je donne à mon argent est devenu un investissement très rentable et mes finances ne se sont jamais aussi bien portées. Je n'ai pourtant pas augmenté mes ressources (je les ai même diminuées en choisissant de me mettre à mon compte). Ce qui a changé, c'est ma manière d'utiliser l'argent que j'ai à ma disposition.

> « Parfois, il vaut mieux passer une heure à réfléchir à son argent que travailler une semaine pour en gagner. »
> André Kostolany

VOUS DÉPENSEZ UN PEU, BEAUCOUP, PASSIONNÉMENT... MAIS COMBIEN EXACTEMENT ?

Faites ce petit quiz pour connaître l'état de vos finances et votre manière de dépenser !

Diriez-vous que la gestion de vos finances est...

- [ ] Parfaitement satisfaisante
- [ ] Acceptable
- [x] Souvent mauvaise
- [ ] Catastrophique

Si vous avez coché les deux dernières cases, dites pourquoi ?

- [ ] Endettements
- [ ] Découverts
- [x] Shopping
- [ ] Restos

Combien de temps consacrez-vous par semaine à la gestion de vos finances ?

- [x] Moins de 1 heure
- [ ] 1 heure
- [ ] 2 heures
- [ ] Plus de 2 heures

Quelle est votre attitude vis-à-vis des incitations à consommer ?
Diriez-vous que :

- [x] Vous êtes influençable
- [ ] Vous savez résister
- [ ] Un peu des deux

Êtes-vous endetté(e) ? À quelle hauteur de vos revenus mensuels ?

- un crédit immobilier

Avez-vous constitué une épargne ? De quel montant ?

- oui environ [redacted] €

Ressentez-vous le besoin de gérer plus sainement vos finances ?
Pourquoi ?

[redacted]

- 2 -

LES CROYANCES LIMITANTES ont la vie dure…

Atomisons-les !

Le vrai travail à faire quand on veut améliorer sa situation financière, que ce soit pour rembourser ses dettes, sortir d'un découvert, épargner ou investir, se passe en grande majorité dans la tête. **IL N'EST PAS POSSIBLE DE RÉGLER DURABLEMENT SES DIFFICULTÉS FINANCIÈRES SANS S'ATTAQUER À LEUR SOURCE.** Or elle réside la plupart du temps dans notre passé et nos croyances, qui déterminent notre façon de percevoir l'argent.

Chacun de nous possède **UN ENSEMBLE DE CROYANCES** sur différentes choses (dont bien évidemment l'argent). Elles sont le fruit de notre éducation, de notre culture, de nos expériences… Il s'agit des croyances que nous pouvons avoir sur nous-mêmes, notre entourage ou sur ce qu'il est possible de faire. Elles ne sont pas forcément mauvaises, car leur rôle est de nous permettre d'appréhender le monde et de prendre des décisions sans y passer trop de temps (en mode automate).

ET VOUS, QU'EST-CE QUI VOUS TROTTE DANS LA TÊTE QUAND VOUS PARLEZ FINANCES ?

- [ ] L'argent ne fait pas le bonheur.
- [ ] L'argent détruit les relations.
- [ ] Pour devenir riche, il faut hériter.
- [ ] Les millionnaires sont des voleurs.
- [ ] Il faut faire des études pour gagner beaucoup d'argent.
- [ ] Tenir un budget, c'est pour les pauvres.
- [ ] Plus tu as d'argent, plus tu as de problèmes.
- [ ] La pauvreté est héréditaire.
- [ ] L'argent n'est pas important.
- [x] Je ne sais pas gérer l'argent.
- [ ] On ne parle pas d'argent.
- [ ] Dans ma famille, on a toujours eu des problèmes d'argent.
- [x] L'argent sert à être dépensé et à se faire plaisir.
- [ ] Épargner aujourd'hui, c'est perdre de l'argent.
- [x] L'argent ne m'aime pas.
- [x] Il n'y a pas de mal à vivre à crédit, c'est aujourd'hui la norme.
- [ ] Seuls les gens avides veulent devenir riches.
- [ ] Il faut se tuer au travail pour gagner beaucoup d'argent.
- [x] Tenir un budget, c'est se restreindre.

1 OU 2 CASES COCHÉES : Vous êtes un esprit libre, qui s'embarrasse peu d'idées préconçues. Allez, encore un petit effort, et vous vous débarrasserez des dernières qui s'accrochent !

3 OU 4 CASES COCHÉES : Hum, ça commence à faire un sacré brouhaha, toutes ces petites voix. Courage, maintenez-les à distance en consacrant votre énergie au but que vous vous êtes fixé : améliorer la situation !

+ DE 5 CASES COCHÉES : Oh là là, il faut passer en mode détox ! Rassurez-vous, c'est tout simple : remplacez petit à petit ces idées négatives par des pensées positives et motivantes, qui vous aideront à atteindre vos objectifs !

QUELQUES ARMES POUR CONTRER VOS CROYANCES LIMITANTES

Servez-vous de ces phrases positives pour calmer vos petites voix !

- [ ] L'argent me permet d'avoir un impact .
- [ ] Je m'en fous de savoir que « cela a toujours été comme ça ».
- [x] Même si je suis nul(le) en math, je suis tout à fait capable de gérer mon argent.
- [x] Budgéter me permet de dépenser sans frustration.
- [x] L'argent est important.
- [ ] À chaque problème , il y a une solution.
- [x] Je mérite d'être serein(e) financièrement.
- [ ] « Moins » peut être synonyme de «mieux».
- [x] L'argent permet de vivre des moments de bonheur et des expérience inoubliables.
- [x] Plus je suis bien financièrement, plus j'ai la capacité d'être généreux(se).
- [ ] Je ne me compare pas aux autres, je connais ma valeur.
- [ ] Il y a assez d'argent pour tout le monde.
- [ ] Je peux gagner de l'argent facilement.
- [x] L'argent est bon quand on l'utilise pour des bonnes choses.
- [x] Il est naturel de vouloir une bonne situation financière.

QUELLES SONT VOS CROYANCES LIMITANTES EN LIEN AVEC L'ARGENT ?

Ces croyances vous servent-elles ?

Vous sentez-vous bien avec elles ? Si ce n'est pas le cas, reformulez-les pour supprimer leur connotation négative.

Exemple :

« L'argent ne fait pas le bonheur. »

→ « L'argent va m'aider à payer une aide ménagère pour que je puisse avoir plus de temps et le passer avec mes enfants. »

→

→

→

→

L'astuce
Épargnez vos petites pièces !

Mettez les pièces jaunes et rouges dans un bocal pour refaire votre petite épargne. Vous verrez, petites pièces font grand budget !

On préfère parfois rester coincé dans un schéma négatif bien connu qui nous procure un sentiment de sécurité plutôt que de prendre le risque d'en changer.

Aucune des phrases de la page précédente n'est une vérité, aucune n'est un mensonge. Il s'agit juste de pensées qui peuvent nous venir à l'esprit quand on évoque l'argent. La plupart du temps, on ne se rend même pas compte de leur existence, on ne les formalise pas clairement. Et c'est là que se situe le danger car c'est sur la base de nos croyances qu'on prend nos décisions financières ! Ces pensées peuvent même saboter notre chemin vers des finances saines.

LE PROBLÈME, AVEC LES CROYANCES, C'EST QU'ELLES SONT EN NOUS DEPUIS SI LONGTEMPS QU'IL NOUS EST DIFFICILE DE SAVOIR SI ELLES REFLÈTENT LA RÉALITÉ. Allez à leur encontre, c'est comme nier les choses que nous avons toujours tenues pour acquises. C'est gênant et cela fait peur !

Entretenir ces croyances maintient le statu quo. C'est triste à dire, mais cela nous permet de rejeter la responsabilité d'une mauvaise situation sur des facteurs externes, sur un genre de « malédiction », tout en nous confortant dans l'idée qu'il ne sert à rien d'essayer, car cela ne fonctionnera pas de toute façon. **DANS NOTRE CULTURE, L'ARGENT EST TABOU ET LA RICHESSE A UNE CONNOTATION NÉGATIVE.**

Comment avoir des finances saines si, au fond de nous, on est profondément persuadé que l'argent est immoral, mauvais et qu'il va nous mener directement en enfer ?

Si vous croyez que l'argent ne fait pas le bonheur ou, pire, que c'est la source de tous les maux, vous allez inconsciemment le fuir, ce qui va encore accentuer vos problèmes financiers… et renforcer vos croyances !

L'argent n'est ni bon ni mauvais. C'est juste un outil qui permet d'obtenir divers biens et services. Il a remplacé le troc et sa moralité dépend uniquement de l'utilisation que vous en faites. Alors, si on arrêtait de diaboliser l'argent pour essayer de construire avec lui une relation saine et ainsi attirer la prospérité et la réussite ? Si on se concentrait plutôt sur ce que l'argent peut nous apporter, comme :

- Payer les factures à temps.
- Se nourrir et se loger correctement.
- Vivre pleinement ses passions.
- Avoir un sentiment de sécurité vis-à-vis de l'avenir.
- Pouvoir aider les autres.
- Réaliser ses projets de vie.

Je suis absolument convaincue que **NOTRE CAPACITÉ À BIEN GÉRER L'ARGENT EST LIÉE À LA RELATION ÉMOTIONNELLE QUE L'ON ENTRETIENT AVEC LUI.**

Pourquoi ? Tout simplement, car notre vie est le résultat de nos actions, et nos actions sont le fruit de nos pensées et de nos croyances. Il est donc important d'en prendre conscience et de les déconstruire en les reformulant positivement.

Prenons l'exemple d'une des croyances les plus connues : « L'argent ne fait pas le bonheur. » Est-ce que vous pensez réellement que le bonheur est réservé uniquement aux gens pauvres ? Que veut dire « bonheur » pour vous ? Plus de temps avec vos enfants, un voyage avec votre maman, un logement confortable pour votre famille ? Ne pensez-vous pas que l'argent a la capacité de vous aider à réaliser ces vœux ? Et je ne parle pas forcément ici d'avoir toujours plus. **JE PARLE D'UN CHANGEMENT DANS VOTRE MANIÈRE DE PERCEVOIR LE POUVOIR DE L'ARGENT POUR LE DIRIGER VERS LES CHOSES QUI ONT UNE RÉELLE IMPORTANCE À VOS YEUX.**

- 3 -

ET SI, AVANT DE DEVENIR MILLIONNAIRE,

on commençait par apprendre à gérer son salaire ?

Les millionnaires suscitent l'envie et les sujets liés à la liberté financière ont la cote. En librairie, on trouve une ribambelle de livres qui expliquent comment devenir richissime (en mode rentier). La retraite à 40 ans, la recherche de sources de revenus passifs avec immobilier locatif, la bourse, les cryptomonnaies intéressent de plus en plus de personnes. Et c'est très bien ! **IL EST IMPORTANT D'ACCROÎTRE SON ÉDUCATION FINANCIÈRE, DE CHERCHER À AUGMENTER ET À DIVERSIFIER SES REVENUS.** Et puis, logiquement, si vous appliquez le seul principe valable pour les finances personnelles, qui se résume à **« MES DÉPENSES DOIVENT ÊTRE INFÉRIEURES À MES RESSOURCES »**, vous allez automatiquement vous retrouvez avec de l'argent de côté, qui pourra être investi et générer à son tour des revenus.

DÉFINITION

On peut décrire la « liberté financière » comme la capacité de ne plus dépendre d'un salaire mensuel pour subvenir à ses besoins. Cela passe par la création de revenus passifs (non liés au temps que vous passez à travailler), qui vous permettent d'exercer les activités qui vous passionnent, qui sont en accord avec vos valeurs et vos envies.

On entend beaucoup d'histoires sur des personnes qui ont réussi à se constituer de beaux patrimoines grâce à différents investissements qui leur procurent aujourd'hui des revenus passifs. **MAIS POUR INVESTIR CORRECTEMENT, IL FAUT DÉJÀ AVOIR LA CAPACITÉ D'ÉPARGNER UNE PARTIE DE SON REVENU, PUIS DES OBJECTIFS FINANCIERS TRÈS CLAIRS !**

Ne pensez pas à tort que je suis contre la recherche d'un bon placement pour des économies. Non, pas du tout. Je suis cependant persuadée qu'on ne devrait pas penser à investir tant qu'on n'a pas construit des fondations solides pour ses finances. Si vous n'arrivez même pas à mettre de côté une somme régulière tous les mois, si vous finissez systématiquement à découvert, si vous croulez sous les dettes, laissez-moi vous dire que vous n'êtes pas prêt à investir. Envisager la liberté financière à ce stade, c'est comme courir un marathon sans aucune préparation !

LA RECETTE ?

Il n'existe pas de recette miracle, complètement fiable et sans risque pour devenir riche, mais on doit admettre qu'il existe quelques bonnes habitudes qui favorisent la richesse. Elles sont basées sur l'existence d'objectifs clairs, un travail important, la persévérance et la discipline. Pas très vendeur, n'est-ce pas ?

Alors, si devenir millionnaire vous tente, il va falloir d'abord passer par la case « entraînement ». Il va falloir revenir aux fondamentaux : réviser vos habitudes de consommation, optimiser de vos dépenses, éviter ou rembourser les crédits à la consommation. Si la liberté financière est votre objectif (ou le devient), vous serez alors prêt pour courir ce marathon et chercher de nouvelles sources de revenus (passifs ou pas).

La clé du succès ? Maîtriser son argent pour que, petit à petit, vous puissiez vous sentir de plus en plus libre vis-à-vis de lui.

- 4 -

IL VOUS FAUT UN PLAN... *et vite !*

Combien de fois vous êtes-vous fixé des objectifs mensuels ou annuels, puis une fois le temps écoulé, avez-vous constaté que rien ne s'était passé, que vous étiez exactement dans la même situation qu'avant (voire pire) ? Parfois même, vous ne vous souvenez plus quel était votre objectif initial !

Une des causes principales ?

LE MANQUE DE PLAN D'ACTION ET DE SUIVI.

Pour progresser, les entreprises ne se disent pas juste : « Allez, ce mois-ci, on va améliorer nos résultats et prier pour que ça se passe bien. » Elles établissent un budget, un plan d'action, définissent des indicateurs clés, fixent des objectifs de ventes… Cela leur permet de savoir à tout moment si elles vont dans la bonne direction ou si, au contraire, des actions correctives sont nécessaires.

La loi de Pearson :

« Lorsque les performances sont mesurées, les performances s'améliorent. Lorsque les performances sont mesurées et rapportées, le taux d'amélioration s'accélère. »

Pour atteindre un objectif précis, nous devons procéder exactement de la même façon dans notre vie personnelle.

POUR POUVOIR CHANGER, AMÉLIORER N'IMPORTE QUEL ASPECT DE NOTRE VIE, IL EST EXTRÊMEMENT IMPORTANT DE METTRE EN PLACE UN SUIVI RÉGULIER DES INDICATEURS DE PROGRÈS. Ça semble barbant à première vue, mais personne ne vous demande de faire des graphiques ou des comptes rendus formels. Il est possible de faire ça de façon plus ludique, et c'est à vous de trouver ce qui vous convient. La seule consigne ? Garder une trace écrite.

Pour moi, mettre en place un suivi, créer des fiches de coloriage, définir les objectifs d'épargne, avoir mon cahier de gestion ont été salutaires. Grâce à ça, j'ai pu voir que mes petits pas mensuels, qui pouvaient parfois me sembler insignifiants, m'ont rapprochée chaque jour un peu plus de mon objectif « zéro dettes ».

Combien d'argent voulez-vous gagner, combien voulez-vous économiser, de combien voulez-vous faire baisser votre découvert ce mois-ci, combien de kilos voulez-vous perdre, combien de livres voulez-vous lire, combien de repas voulez-vous préparer à la maison… **TOUS LES OBJECTIFS, POUR ÊTRE RÉALISÉS, DOIVENT ÊTRE MESURÉS, ENREGISTRÉS, SUIVIS ET, ENCORE MIEUX, RAPPORTÉS À QUELQU'UN D'AUTRE,** pour que vous vous sentiez responsable de vos actions !

EN RÉSUMÉ

Si vous voulez améliorer quelque chose dans votre vie, faites un suivi. Vous allez voir la progression. Si vous faites un suivi ET si vous rapportez en plus vos résultats à quelqu'un (qu'ils soient bons ou mauvais), votre taux d'amélioration sera encore meilleur. Tracez, écrivez, trouvez une personne de confiance, prenez un engagement envers elle et rendez-lui compte de vos actions.

- 5 -

« UNE PETITE FUITE PEUT FAIRE *sombrer un grand navire* »

(Benjamin Franklin)

Imaginez une grande baignoire avec un petit trou tout au fond. Vous ne savez pas qu'il est là, car l'eau s'écoule tout doucement dans les fondations et n'a pour le moment pas fait apparaître de taches de moisi sur les murs. Vous devez régulièrement rajouter de l'eau pour compenser la fuite et vous n'arrivez pas à comprendre pourquoi l'eau disparaît. **QUAND VOTRE BUDGET COMPORTE DES TROUS, IL SE PASSE EXACTEMENT LA MÊME CHOSE AVEC VOTRE ARGENT.** Vous fournissez des efforts pour rajouter de l'eau (les ressources)… qui s'échappent sans que rien ne vous alerte. Vous vous dites que la vie est tout simplement de plus en plus chère…

Les dépenses de faible valeur représentent dans votre budget ce genre de fuite. **VOUS AVEZ L'IMPRESSION QUE LES PETITES DÉPENSES N'ONT AUCUN IMPACT SUR VOS FINANCES.** Pourtant, si elles sont habituelles, elles ont le pouvoir de sacrément l'amocher ! Elles fragilisent vos fondations et vous obligent à fournir de plus en plus d'effort pour compenser la fuite.

La petite dépense est vicieuse.
La petite dépense est discrète…

5 € par-ci, 10 € par-là, 25 € ici. Au moment de payer, on se dit que ce n'est pas grand-chose. Ça vous est déjà arrivé de consulter votre compte bancaire et de voir que le solde est beaucoup plus bas que ce à quoi vous vous attendiez ? De vous dire : « Je ne comprends pas, je n'ai rien acheté, pourtant. » Vous voyez ? **C'EST COMME SI NOTRE CERVEAU N'ENREGISTRAIT PAS CES ACTIONS D'ACHAT, CLASSÉES DIRECTEMENT DANS LA COLONNE « INSIGNIFIANT ».**

Attention !
La non-conscience de la dépense est encore plus marquée si vous utilisez un moyen de paiement dématérialisé, comme le paiement sans contact.

Mais quand, à la fin du mois, **ON FAIT LA SOMME DE CES « MINI-DÉPENSES », ON COMPREND QU'ELLES REPRÉSENTENT UN SACRÉ PAQUET D'ARGENT !** Oui, 10 cafés-croissants à 5 € donnent bien 50 € à la fin du mois. Quatre sorties au restaurant à 30 € donnent 120 €. Plusieurs bibelots (pourtant pas chers !) achetés dans un magasin de décoration aboutissent à une somme surprenante à la caisse.

Comment arrêter ces fuites ?

1. Se rendre compte de leur existence en analysant les dépenses du mois précédent.
2. Arrêter de les sous-estimer en faisant un suivi régulier de ses dépenses.
3. Décider lesquelles de ces dépenses ont de l'importance pour vous et les inclure dans votre budget prévisionnel.

Je ne prétends pas que supprimer ces dépenses vous rendra riche ! Je pense néanmoins que **FAIRE DES CHOIX DE DÉPENSES CONSCIENTS**, en dirigeant ses ressources financières vers ce qui a vraiment de l'importance, améliore notre sentiment d'abondance.

VOYONS SI VOUS VOUS EN TIREZ À BON COMPTE...

Avez-vous tendance à sous-estimer vos petites dépenses ?

Quelles sont les petites dépenses que vous effectuez sans y réfléchir et qui grèvent votre budget ?

- ☐ Shopping
- ☐ Restos
- ☐ Déco
- ☐ Autres :

Parmi celles-ci, lesquelles pourriez-vous supprimer ?

Quelle serait l'économie ainsi réalisée ?

- ☐ - de 50 euros
- ☐ entre 50 et 100 euros
- ☐ Plus de 100 euros

Lesquelles souhaitez-vous conserver parce qu'elles vous semblent importantes ?

MES ASTUCES POUR OPTIMISER MES DÉPENSES SUPERFLUES

Vous ne savez pas par où commencer ?
Voici une liste des dépenses inutiles !

- Évaluez la pertinence de vos abonnement : l'abonnement Netflix, c'est 180€ à l'année, un forfait de téléphone coûte facilement 600€ par an si on prend à chaque fois un nouveau téléphone. Faites régulièrement un tri pour savoir si ces souscriptions sont dans vos moyens.

- Si vous faites un peu de gaspillage alimentaire, réduisez la quantité d'aliments que vous achetez. Sinon autant jeter vos billet directement à la poubelle !

- On arrête de se goinfrer et on mange selon nos besoins ! Il est probable que beaucoup d'aliments dans votre panier ne sont pas bons ni pour votre santé, ni pour la planète et encore moins pour votre porte-monnaie. Checkez vos tickets de caisse et soulignez des aliments dont vous pouvez facilement vous passer.

- La viande coûte cher, essayez d'en manger deux maximum trois fois par semaine. Pour les protéines, cherchez du côté du soja, des haricots rouges ou des lentilles ! Beaucoup moins chers que la viande et aussi bons.

- Évitez de vous balader dans les centres commerciaux et laissez votre chéquier et les cartes à la maison ! Prenez avec vous uniquement l'argent dont vous aurez besoin.

- N'enregistrez jamais vos cartes bancaires sur les applications de shopping.

- 6 -

LES PROBLÈMES D'ARGENT *ne relèvent pas des mathématiques*

Je voudrais déconstruire un certain mythe qui dit qu'il faut être fort en maths et aimer les chiffres pour avoir des finances saines et gérer correctement son argent. C'est une des croyances qui revient vraiment souvent. Alors, écoutez-moi bien : **ON N'EST PAS OBLIGÉ D'AIMER LES MATHS POUR POUVOIR GÉRER CORRECTEMENT SON BUDGET.** Je vais aller encore plus loin : on peut même être nul en maths et être vraiment doué dans la gestion de son argent ! C'est clairement mon cas. J'ai eu de gros problèmes en mathématiques pendant toute ma scolarité. J'ai des difficultés à faire des calculs simples (ce qui est souvent une source de honte pour moi) et je confonds les chiffres. Mon fils souffre de dyscalculie et je pense que, si un jour je réalise un bilan logico-mathématique, je risque de découvrir que j'ai le même dysfonctionnement.

J'ai rencontré des professionnels qui manipulent les chiffres au quotidien (des comptables ou des financiers) et gèrent leur propre argent de façon tout simplement catastrophique (ou inexistante).

Est-ce que cela m'empêche de gérer correctement mon argent ? Pas du tout. Et vous savez pourquoi ? **PARCE QUE LES PROBLÈMES D'ARGENT NE SONT PAS DES PROBLÈMES MATHÉMATIQUES.** Ils ne peuvent pas être résolus avec des équations ou des calculs. Les problèmes d'argent sont des problèmes de comportement, de négligence et de manque de connaissances !

Vous ne devrez apprendre et respecter qu'une seule équation mathématique pour avoir des finances saines :

Revenus – Dépenses = Épargne + Investissement

La seule chose à retenir est que **VOS DÉPENSES DOIVENT ÊTRE INFÉRIEURES À VOS REVENUS**, de manière à conserver une partie de ce que vous gagnez. Comme vous pouvez voir, ce principe mathématique n'a rien de compliqué et relève du niveau de l'école primaire. Donc laissez-moi vous dire que, si vous êtes en mesure de lire ces mots, vous avez alors suffisamment de connaissances mathématiques pour commencer à gérer correctement votre argent.

La stabilité de ta situation financière dépend de la somme que tu vas réussir à conserver et non de la somme que tu gagnes !

– 7 –

AVOIR DES FINANCES SAINES, *ce n'est pas simplement une affaire d'éducation*

Attaquons-nous à une autre fausse croyance : celle qui est en lien avec l'éducation financière. Je suis la première à dire qu'il est important de chercher à l'acquérir, de se tenir au courant… Mais après avoir étudié la question de l'argent en long, en large et en travers, j'ai compris aujourd'hui qu'**UNE BONNE SITUATION FINANCIÈRE SE CRÉE AVEC 20 % DE CONNAISSANCES THÉORIQUES ET 80 % DE BONS COMPORTEMENTS.**

C'est important de se former tout au long de la vie. Posséder une maîtrise théorique du domaine dans lequel on souhaite se lancer est crucial. Mais suffit-il d'avoir de bonnes connaissances pour avancer dans la bonne direction ? Oui… et non.

> **Savoir quelque chose n'est pas suffisant pour passer à l'acte, encore moins quand il est nécessaire de tenir dans la durée.**

LA COMPÉTENCE ET LE SAVOIR-FAIRE CONSTITUENT UN POTENTIEL QUI NE SERT À RIEN (À PART BRILLER DANS UNE DISCUSSION) SI AUCUNE MISE EN PRATIQUE NE SUIT.

On a besoin de la connaissance :

- Pour prendre de bonnes décisions et choisir sa direction.
- Pour pouvoir faire le tri entre le vrai et faux.
- Pour pouvoir appliquer un principe théorique à sa situation personnelle.

MAIS CE N'EST PAS LA CONNAISSANCE QUI NOUS PERMET DE PASSER À L'ACTION.

C'est plutôt d'avoir :

- Des objectifs clairs et réalistes (savoir ce qu'on veut et quand on le veut).
- Un plan précis, mais adaptable.
- De la discipline.
- De bonnes habitudes.
- Un système de récompense.

CELA DEMANDE DE FOURNIR UN TRAVAIL, de faire des choses qu'on n'a pas envie de faire, de sortir de sa zone de confort, tout en acceptant que les résultats soient différés dans le temps.

Vous voyez où je veux en venir ?

Si votre situation financière n'est pas celle que vous souhaitez, en plus d'acquérir quelques notions en finances, il va surtout falloir vous créer une organisation qui fonctionne !

MON ÉPARGNE ______________________

Je vise =

Date		Montant

- 8 -

CHARGE MENTALE ET ARGENT : ça me prend trop la tête !

Ah, la charge mentale ! Ces mille pensées silencieuses qui squattent nos têtes pour nous rappeler sans cesse nos nombreuses obligations, alors qu'on est en train de faire autre chose.

ON POURRAIT SE DIRE QUE METTRE EN PLACE UNE GESTION DE SES FINANCES PERSONNELLES, C'EST ENCORE UNE CHOSE SUPPLÉMENTAIRE À FAIRE PARMI TANT D'AUTRES. Ce n'est pas faux… Gérer son budget demande un peu de temps, généralement 1 à 2 heures par mois. Vous pouvez vous dire que c'est le temps que vous n'avez pas. Mais moi, je peux vous dire que MOINS vous allez consacrer de temps à gérer votre argent, PLUS vous allez passer de temps à y penser.

Les pensées liées à la mauvaise gestion de vos finances et aux problèmes qu'elle pose peuvent être très parasites. Elles occupent nos têtes en permanence sans conduire à de véritables solutions. Et vous savez pourquoi ? À cause du flou qui entoure l'argent ! Ne pas connaître ses dépenses fixes, ne pas savoir combien on peut dépenser dans les achats plaisir, avoir zappé les dépenses exceptionnelles, ne pas avoir d'épargne en cas d'urgence… tout ça n'aide vraiment pas à se libérer l'esprit !

ET SI ON OUVRAIT LES YEUX ???

Négliger ses finances personnelles augmente considérablement la charge mentale. Pas à cause des pensées comme : « Il ne faut pas que j'oublie de faire mon budget demain... »
Mais plutôt :
« Comment je vais faire pour payer cette facture ? » ou « Est-ce que j'aurai assez de fonds sur mon compte pour couvrir ce chèque ? »

POSER LES CHIFFRES SUR UN PAPIER (OÙ AUTRE CHOSE SI VOUS PRÉFÉREZ) VOUS AIDERA À « DÉCHARGER » VOTRE TÊTE. Vous n'êtes pas obligé de garder tout en mémoire et de vous souvenir à quelle date tombe la facture semestrielle de l'eau ou des ordures ménagères : votre cahier de budget est là pour tenir ce rôle. Le vôtre sera de réfléchir à la façon de préparer ses dépenses quand elles se présenteront pour qu'elles ne déséquilibrent votre budget.

Puis, une fois un peu de clarté mise dans vos finances, vous vous débarrasserez de ce stress lié à l'argent qui parasite votre quotidien.

Allez hop, cahier, crayon et c'est parti !

POUR SORTIR DE LA SUBJECTIVITÉ ET DU PILOTAGE À VUE, IL EST IMPORTANT D'ÊTRE CLAIR AVEC LES CHIFFRES ET DE LES AFFRONTER. On peut ne pas aimer les chiffres (c'est d'ailleurs mon cas), mais leur avantage, c'est de rendre les choses objectives. De cette manière, votre esprit sera occupé seulement par des problèmes réels (et pas ceux qui ont été imaginés par votre cerveau). Allègement de l'esprit garanti !

Notre cerveau n'est pas très objectif quand il est question d'argent. Soit il panique pour rien et nous fait croire que notre situation est pire qu'il n'y paraît, soit il nous faire croire qu'on est Rockefeller et qu'on peut dépenser à gogo.

Le budget familial est une affaire familiale et une responsabilité qui se partage ! Fais participer ta famille à l'établissement de ton budget prévisionnel pour le mois. Ainsi, les règles du jeu seront claires pour tout le monde.

Ressources	Prévu	Réel

Dépenses fixes	Prévu	Réel

Dettes	Prévu	Réel

Épargne	Prévu	Réel

Dépenses variables/Enveloppes	Prévu	Réel

- 9 -

GAGNER PLUS N'EST PEUT-ÊTRE PAS *la première solution à envisager*

Quand on cherche les solutions pour résoudre nos problèmes financiers, la première réponse qui nous vient à l'esprit est souvent : trouver le moyen de gagner plus. Évidemment, **AVOIR PLUS D'ARGENT AUGMENTE INSTANTANÉMENT NOTRE POUVOIR D'ACHAT.** Sauf que… la plupart du temps, on n'en ressent l'impact positif que pendant une très courte durée. Pourquoi ? Parce que nos dépenses ne sont pas sous contrôle et que, malheureusement, les courbes des revenus et des dépenses augmentent la plupart du temps proportionnellement.

Il m'est arrivé d'avoir des rentrées d'argent supplémentaires ou non attendues. Or elles ne m'ont que rarement servi à économiser. Elles n'ont jamais servi ni à payer mes dettes ni à diminuer mon découvert. Finalement, c'est comme si cet argent supplémentaire n'avait jamais existé. Avec un revenu en plus, j'avais toujours besoin de plus.

Ça te parle cette phrase : « Plus on gagne, plus on dépense » ? C'était tout moi, ça. Mais c'était avant…

Il existe plein de façons de gagner plus d'argent : prendre un boulot supplémentaire, se restreindre davantage, ouvrir un business, profiter de l'effet levier d'un emprunt… Mais je crois que l'essentiel est de faire preuve de présence d'esprit. **IL FAUT SE RAISONNER** et se dire que, au vu de ses expériences passées, le fait d'avoir plus d'argent ne servira à rien tant qu'on ne changera pas sa façon de gérer et de dépenser son argent.

Je ne voudrais pas être mal comprise…

Gagner plus d'argent est bien sûr une solution qu'il faut explorer assez rapidement quand on souhaite sortir de l'endettement excessif ou améliorer son train de vie, investir et épargner plus. Mais ce choix de gagner plus d'argent demande du travail et du temps. Il serait dommage que ces efforts ne produisent pas l'effet escompté parce qu'on ne maîtrise pas ses dépenses.

C'EST AINSI QUE JE ME SUIS CONCENTRÉE SUR LA RECHERCHE DE MÉTHODES POUR REPRENDRE LE CONTRÔLE DE MES DÉPENSES : fixation de limites, suivi quasi quotidien, prévisions, organisation, rigueur, stratégie à court, moyen et long terme, suppression de certaines dépenses, optimisation d'autres… C'était beaucoup de travail, un changement complet de ma mentalité en lien avec l'argent, mais j'y suis arrivée. Je peux dire aujourd'hui, honnêtement, que j'ai totalement repris le contrôle de mon argent et de mes dépenses.

- 10 -

« LA FOLIE, C'EST DE FAIRE TOUJOURS LA MÊME CHOSE *et de s'attendre à un résultat différent.* »

(Albert Einstein)

J'adore cette citation, car elle décrit à merveille la façon dont j'ai géré mon argent pendant des années. Chaque mois, aux alentours du 15, je faisais le même constat : j'étais à **DÉCOUVERT** et je n'avais aucune idée du pourquoi de cette situation. Je n'avais pourtant pas l'impression d'être dépensière ! Du coup, tous les mois, à cette période, je me disais : « Dès que mon prochain salaire arrivera, j'essayerai de regarder de plus près ce qui se passe. » Puis je recevais mon salaire et je continuais de fonctionner exactement de la même manière que le mois précédent.

Je répétais les mêmes schémas et habitudes que je n'avais pas encore identifiés à l'époque comme problématiques.

Je payais tout en prélèvement, virement, carte bancaire ou chèque, je n'avais qu'une vague idée du montant de mes charges fixes mensuelles. Je n'étais pas capable de dire combien je dépensais par mois pour les différentes catégories comme la nourriture ou le transport. **J'AVAIS TOTALEMENT PERDU LA NOTION DE SAVOIR OÙ ALLAIT MON ARGENT.** Pourtant, je regardais mes comptes tous les jours ! Mais à quoi bon les scruter à la loupe si, lorsque j'envisageais un achat important, j'étais incapable de déterminer objectivement si je pouvais ou non me le permettre ? En gros, j'y allais carrément tant qu'il y avait de l'argent sur mon compte, sans jamais anticiper les prélèvements fixes qui devait encore arriver dans le mois.

Si, aujourd'hui, ta situation financière ne te convient pas, c'est qu'il est déjà temps de prendre un peu de recul pour identifier les actions qui sont à l'origine de cette situation.

Rendez-vous à la page suivante pour faire le bilan !

Dans le train-train de nos vies souvent complexes, **IL EST PARFOIS DIFFICILE DE PRENDRE LE RECUL NÉCESSAIRE POUR ANALYSER NOS ACTIONS ET LES RÉSULTATS QU'ELLES ENTRAÎNENT.** C'est pour cette raison qu'on les répète sans s'en rendre compte, en mode pilotage automatique. On reste alors bloqué dans une situation qui ne nous convient pas, sans savoir comment s'en sortir, car paradoxalement, répéter les mêmes actions provoque un sentiment de sécurité (on fait ce qu'on connaît).

NOTRE CERVEAU A BESOIN D'UN SIGNAL D'ALERTE pour faire cesser la répétition de nos habitudes néfastes.

Prenez garde et rappelez-vous l'histoire de la grenouille que je vous ai racontée au début... et qui finit cuite sans s'en rendre compte. Il sera vraiment dommage d'attendre d'être complètement « cuit financièrement » pour commencer à se dire que quelque chose ne va pas dans votre manière de gérer l'argent.

CHANGER, C'EST BON POUR LA SANTÉ (ET POUR VOTRE COMPTE !)

Cette petite démarche introspective est indispensable à tout apprenti Budgeteur ! C'est parfait pour prendre conscience de ses habitudes et apprendre à les changer !

Généralement, à quel moment du mois vous sentez-vous en inconfort financier ?

- ☐ Au début
- ☐ Au milieu
- ☐ À la fin

Pourquoi ? Que constatez-vous concrètement ?

Quelles pensées vous traversent alors l'esprit ?

- ☐ Oh là là... Je n'aurais pas dû...
- ☐ Mode survie activé !
- ☐ Ça me déprime... Et si je passais au centre commercial pour me faire plaisir sur les dernières soldes ?

À votre avis, quelles habitudes néfastes sont à l'origine de cette situation ?

- [ ] Pause-déj' plaisir, supplément dessert à chaque fois
- [ ] Rachat d'objets dès que je les perds (ou que j'ai la flemme de les chercher)
- [ ] Projets bricolage ou déco qui finissent souvent au grenier

Que faudrait-il faire concrètement pour changer vos habitudes ?

- [ ] Accorder plus d'importance au fait maison
- [ ] Acheter plutôt en seconde main et ranger mes affaires
- [ ] Entreprendre des projets plus accessibles pour être sûr d'aller jusqu'au bout et de les rentabiliser
- [ ] Autres : ....

Notez dans cet encart l'habitude que vous voulez changer dès maintenant, avec la date et l'heure :

Si jamais votre motivation faiblit, revenez à cette page pour vous rappeler l'objectif que vous vous êtes fixé ici !

– 11 –

POURQUOI ÉPARGNER (puisqu'on peut emprunter) ?

Je pense que la notion d'épargne (qui consiste à mettre de l'argent de côté pour préparer un achat) a perdu de son intérêt parce qu'il est possible aujourd'hui de financer ses rêves même si on n'a pas les fonds pour cela. Comment ? Avec des crédits, voyons ! Et peu importe si on doit pour cela renoncer à notre liberté et s'enchaîner pour des années avec des mensualités à rembourser !

L'ACCUMULATION D'ARGENT EST SOUVENT ASSOCIÉE À QUELQUE CHOSE DE NÉGATIF. On se dit que les gens qui se constituent un patrimoine sont avides, vénaux, et qu'ils consacrent leur vie à gagner de l'argent qu'ils emporteront avec eux dans leur tombe. Qu'il vaut mieux profiter de la vie maintenant !

Mais la vérité est généralement différente : la plupart de ces personnes assument tout simplement la responsabilité de leur propre vie et la sécurité de leur famille. Ils font en sorte de réduire le stress lié à l'argent en se préparant aux imprévus de la vie.

On peut comparer l'argent à la santé : nous sous-estimons son importance réelle… jusqu'à ce que nous en manquions.

Épargner, c'est :

- ne pas compter sur les décisions des politiciens ;
- ne pas être à la merci de l'humeur de son patron ;
- ne pas demander de l'aide à ses propres enfants lorsqu'on est à la retraite ;
- ne pas échanger sa liberté contre des crédits.

Une approche saine de l'argent ne consiste pas à vouloir devenir riche simplement pour avoir le plus de fortune possible. Un tel objectif n'a pas de sens, car nos rêves augmentent toujours en proportion de ce qu'on possède. Il s'agit plutôt d'**UNE GESTION JUDICIEUSE DES RESSOURCES, QUI NOUS AIDERA À MENER UNE VIE HEUREUSE ET TRANQUILLE.** C'est ainsi que je conçois le rôle de l'argent : il n'est pas un but en soi, mais un simple moyen de vivre une vie sereine et qui ne provoque pas une charge mentale pesante.

– 12 –

AU SECOURS,
je n'arrive pas à épargner !

« Je n'arrive pas à mettre de l'argent de côté », « Je pioche dans mon épargne bien trop souvent ». Voilà les phrases que j'entends régulièrement. Car oui, épargner de l'argent est difficile.

- **PREMIÈREMENT** parce qu'on a envie de profiter de son argent durement gagné et qu'on veut le faire maintenant, pas dans cinq ou dix ans.

- **DEUXIÈMEMENT,** parce qu'on manque de méthode, on s'y prend mal. On a tendance à penser qu'il faut forcément gagner beaucoup d'argent pour épargner. Personnellement, je pense que **TOUT LE MONDE, PEU IMPORTE LE NIVEAU DE SON REVENU, DOIT APPRENDRE À ÉPARGNER.** Si on n'apprend pas à épargner en ayant un petit revenu, on aura du mal à le faire même quand le revenu augmentera.

Regardez-moi : je n'ai pas appris à épargner avec un petit salaire, alors quand j'ai gagné davantage d'argent, ce n'est pas mon épargne qui a augmenté mais uniquement mes dépenses !

Ce n'est pas un scoop de dire que plus on gagne, plus on peut dégager de l'épargne. Mais ce n'est pas si simple que ça. La seule chose qui compte, ce n'est pas combien on gagne, mais combien d'argent on arrive à conserver. Et malheureusement, plus on gagne, moins on s'occupe de son argent. Et moins on s'occupe de son argent, plus on dépense. Et plus on dépense, moins on épargne…

Pour épargner efficacement, il faut réussir à **SWITCHER NOTRE FAÇON DE PENSER** pour voir l'épargne non plus comme un sacrifice ou une privation, mais comme un moyen de financer des projets qui nous tiennent à cœur et d'acquérir une sécurité financière.

Vous voulez connaître la clé de l'épargne réussie ? Attention les yeux !

- Définir des objectifs clairs et chiffrés.
- Répartir son épargne par projet.
- Épargner d'abord, dépenser après. Mettre de l'argent de côté dès la réception de sa paie, permet d'épargner selon ses capacités réelles et non selon ce qui reste sur notre compte courant à la fin du mois).

VOUS AVEZ BESOIN DE DÉFINIR LE « POURQUOI » DE VOTRE ÉPARGNE. Si vous savez précisément quel est le projet pour lequel vous souhaitez économiser, de combien d'argent vous avez besoin pour le réaliser et de combien de temps vous avez pour réunir la somme nécessaire, vous déterminerez facilement la somme que vous devez épargner chaque mois.

Bien sûr, il est fort probable que, une fois notés tous vos projets, vous vous rendiez compte que vous n'avez pas la capacité d'épargne suffisante pour économiser pour tout ce que vous voudriez faire ou, en tout cas, pas dans les délais souhaités. Il faudra alors **PRIORISER ET FAIRE DES CHOIX** en fonction de l'importance de vos projets.

L'astuce

Quelques questions à se poser pour organiser son épargne :

- Qu'est-ce que je suis prêt à faire pour arriver à mes objectifs ?
- Suis-je prêt à décaler certains projets dans le temps pour favoriser un autre ?
- Suis-je prêt à trouver une source de revenus complémentaires ?
- Suis-je prêt à renoncer aux petits plaisirs à court terme pour privilégier un projet qui me tient à cœur ?

Pour chaque projet, constituez une épargne. Chaque épargne peut avoir une source différente. Vous êtes libre de décider comment vous aller approvisionner chaque fonds. C'est là qu'il faut **SE MONTRER INVENTIF, NE PAS PERDRE VOS OBJECTIFS DE VUE ET TROUVER LA MOTIVATION POUR COMMENCER À OPTIMISER LES DÉPENSES FIXES ET VARIABLES.** Car tout argent non dépensé dans votre budget pourra alimenter un de vos fonds d'épargne. Vous pouvez aussi vendre certains objets. Vous pouvez peut-être prendre un job supplémentaire, faire des heures supp… et vous promettre que chaque euro bonus gagné ira directement dans votre épargne.

Il y a que vous pour prendre ce genre de décision, selon l'importance que votre objectif a pour vous et le niveau de sécurité financière que vous souhaitez obtenir.

Avec la vente de mon ordinateur, de mes objectifs d'appareil photo et de mon matériel de plongée, j'ai pu envoyer plus de 650 € dans mon fonds « vacances en famille »

Il y a que vous pour avoir suffisamment de discipline pour privilégier l'épargne au lieu de faire des dépenses futiles. Il est d'autant plus important d'avoir en tête la raison concrète pour laquelle vous économisez.

Si tu visualises la réalisation de ton projet, épargner ne sera plus un sacrifice, mais un chemin vers sa réussite.

QUEL PROJET POUR QUELLE ÉPARGNE ?

Quels sont les projets qui nécessitent que vous épargniez dans les mois ou années qui viennent ?

- [ ] Acheter une maison
- [ ] Faire un beau voyage
- [ ] Monter un business
- [ ] Autres : ....

....

Parmi ces projets, quels sont les 3 qui vous tiennent le plus à cœur ?

- [ ] ....
- [ ] ....
- [ ] ....

Êtes-vous prêt à faire des efforts pour atteindre vos objectifs d'épargne et à sacrifier certaines de vos dépenses habituelles ?

- [ ] Oui
- [ ] Non

Si oui, lesquelles ?

....

....

....

Êtes-vous à la recherche de revenus complémentaires ? Lesquels ?

☐ ....

☐ ....

☐ ....

Pour y voir plus clair, remplissez ce tableau :

Priorité	Projet	Somme nécessaire	Date de réalisation	Épargne mensuelle envisagée
1				
2				
3				
4				

Une fois ce bilan effectué, pensez-vous que vos objectifs sont réalistes et correspondent à votre capacité d'épargne, compte tenu des efforts que vous êtes prêt à fournir ?

☐ Oui, et rien ne m'arrêtera pour les atteindre.

☐ Non, mais je ferai de mon mieux pour y arriver.

– 13 –

LES TENTATIONS

ça suffit !

(Il va falloir apprendre à résister…)

Au quotidien, on est submergé par les incitations à l'achat… et on ne se bat pas à armes égales contre toutes les techniques publicitaires dont on est devenu la cible.

Une armée d'experts en marketing travaillent comme des fous dans un seul but : accéder à notre subconscient pour **NOUS FAIRE RESSENTIR UNE ENVIE IRRÉSISTIBLE DE POSSÉDER TELLE OU TELLE CHOSE.** Et malgré notre bonne volonté, il faut avouer qu'ils y arrivent plutôt bien. Surtout quand ils nous disent que c'est une promotion, qu'il faut se dépêcher parce que l'offre ne durera pas, qu'on va économiser de l'argent en achetant tout de suite, maintenant, car après, ça sera plus cher. Ces techniques commerciales, en mode ventes privées ou promotions en tous genres, nous donnent l'impression d'être un acheteur malin et nous font même ressentir une sorte de fierté : nous avons su dénicher la bonne affaire !

Certains d'entre nous possèdent suffisamment de self-control pour résister aux tentations du marketing publicitaire. D'autres, malheureusement, subissent ces techniques et perdent le contrôle. Ils paient peut-être un objet moins cher que le prix du marché, mais ils se retrouvent avec une chose dont ils n'ont pas forcément besoin ou, pire, qu'ils n'utiliseront peut-être jamais.

Pour réduire la tentation, il faut pratiquer la stratégie d'évitement, ce qui implique, en premier lieu, de **REPRENDRE LE CONTRÔLE SUR LA COMMUNICATION QU'ON REÇOIT.** Un grand ménage dans vos mails s'impose ! J'ai passé moi-même plusieurs heures à cliquer sur « me désabonner » et « non, je ne souhaite plus recevoir des offres promotionnelles ». Je n'en revenais pas du nombre de mails contenant une incitation à l'achat que je recevais tous les jours ! Puis vient le tour des applications shopping, surtout celles qui utilisent la technique des ventes privées.

Lutter contre les achats impulsifs tout en gardant les applications shopping et les inscriptions aux newsletters promotionnelles, c'est comme essayer de faire un régime avec un placard rempli de sucreries.

Important !

On arrête de faire du lèche-vitrine en mode touriste. Vous voulez faire un shopping plaisir parce que c'est votre petit kif ? Très bien ! Mais fixez-vous un montant à ne pas dépasser et, avant de partir, faites un rapide tour de vos placards pour maximiser vos chances d'acheter quelque chose dont vous avez vraiment besoin.

SAVEZ-VOUS RÉSISTER À LA TENTATION ?

De quand date votre dernier achat impulsif (c'est-à-dire non planifié) et quel en était le montant ? Pourriez-vous chiffrer dans l'année le montant total ?

Comment réalisez-vous vos achats ? Et à quelle occasion ?

- ☐ En ligne ☐ En magasin ☐ Les 2

Face à quel type de message marketing vous sentez-vous particulièrement vulnérable ?

- ☐ « Tout doit disparaître ! »
- ☐ « 2 Achetés = 1 gratuit. »
- ☐ « C'est ce qu'il vous faut ! »

Les choses que vous avez achetées dans ce contexte vous ont-elles été utiles après coup ? Pourquoi ?

- ☐ Oui, parce que
- ☐ Non, parce que
- ☐ Allez, pour être honnête :

Que pourriez-vous envisager de changer dans votre comportement pour réduire ces dépenses impulsives ?

- ☐ Me balader avec des œillères au centre commercial
- ☐ Envoyer dans mes spams tous les mails de mes newsletters favorites
- ☐ Autre :

- 14 -

MAIS POURQUOI *tous ces tabous ?*

Je ne me lancerai pas dans une analyse de ce qui a conduit les Français à développer cette croyance bien ancrée selon laquelle « l'argent et le profit, c'est mal ». Je m'arrêterai simplement au fait que, dans notre pays **L'ARGENT EST UN SUJET SENSIBLE** (sauf quand il s'agit de l'argent public). Cela a pour conséquence un défaut d'éducation financière impressionnant, et une relation ambiguë, voire négative, avec l'argent. Et cette situation s'apparente à un serpent qui se mord la queue, car le manque d'éducation financière contribue à rendre l'argent encore plus tabou !

Les Européens, et tout particulièrement les Français, ont un rapport très particulier à l'argent : ils veulent en gagner plus, mais ont une mauvaise opinion des gens riches. Très ambigu, comme état d'esprit !

Je suis quasi certaine que plus on en sait sur le fonctionnement de l'argent, moins on a de mal à en parler. Et la parole permet un échange de connaissances, de pratiques, de méthodes.

Dans ce contexte, notre imaginaire nous pousse à croire que la richesse est un événement qui ne peut arriver que « sur un coup » (loterie ou héritage). Si le sujet de l'argent était plus ouvert, on saurait que, **DANS 99 % DES CAS, ON ACCUMULE LES RICHESSES *VIA* UN PROCESSUS QUI DEMANDE BEAUCOUP DE TRAVAIL, DE PERSÉVÉRANCE, DE SACRIFICES, DE TEMPS ET D'ÉCHECS.**

Le tabou plane aussi au sujet des problèmes financiers. On en a honte, on les cache, on ne sait pas où chercher de l'aide et on évite le sujet par crainte du jugement des autres. **ON EST PERSUADÉ QUE LES AUTRES SE DÉBROUILLENT MIEUX QUE NOUS** (normal, vu que personne n'en parle).

On discute rarement des finances en famille, car la majorité des parents n'ont pas compris eux-mêmes l'importance de l'éducation financière. Ils pensent que la gestion d'argent est une affaire d'adultes. Inutile également de chercher des cours sur les finances personnelles au collège ou au lycée : les sujets comme l'épargne, le fonctionnement des intérêts, les investissements, les marchés financiers ne sont jamais abordés durant la scolarité. À aucun moment, on apprend comment établir et gérer le budget d'un ménage.

Ce qui m'a surprise sur les réseaux sociaux, c'est de voir à quel point les gens ne peuvent pas ouvertement aborder ce sujet. Au début, j'avais tellement peur de me montrer transparente sur l'état de mes finances, de mon endettement, de mon salaire ou de mes dépenses que je me servais d'un compte Instagram anonyme pour le faire. Je craignais d'être victime de jugements, de comparaisons, voire de moqueries. Rien de tout cela a eu lieu. **LES GENS SONT, CERTES, CURIEUX ET SURPRIS, MAIS SURTOUT CONTENTS DE POUVOIR DISCUTER DES SOLUTIONS.** La majorité des personnes ont compris que je ne parle pas de mes finances pour « me montrer », mais dans le but de progresser et d'aider d'autres personnes à comprendre les mécanismes d'établissement et de suivi d'un budget. Il ne s'agit donc pas de savoir si mes dépenses sont bonnes ou non, ou si je gagne trop ou pas assez. Il s'agit d'illustrer ma méthode de gestion avec des chiffres réels qui aident les autres à se l'approprier.

L'ÉCONOMISER, C'EST L'AIMER !

Envie de vous réconcilier avec l'argent ?
Voici des mini-défis à relever chaque mois pour vous enrichir :
vous verrez, plus vous économiserez, plus vous l'aimerez !

- ☐ Mois sans carte bleue
- ☐ Mois sans courses au supermarché
- ☐ Mois sans achats en ligne
- ☐ Mois sans dépenses superflues
- ☐ Mois sans restaurants

- 15 -

VIVRE AU-DESSOUS de ses moyens ne rend pas malheureux

Pourquoi tant de personnes refusent-elles de regarder en face à quoi ressemble leur situation financière et de consacrer ne serait-ce qu'une heure par mois à étudier la façon dont elles gèrent leur argent ?

FAIRE SON BUDGET, SAVOIR EXACTEMENT COMBIEN COÛTE LA VIE QUOTIDIENNE, C'EST ACCEPTER DE REGARDER LA RÉALITÉ EN FACE. C'est accepter qu'il y ait des choses qui ne nous soient pas accessibles (en tout cas, pas tout de suite).

C'est se rendre compte parfois qu'on vit au-dessus de nos moyens. C'est aussi faire face à nos erreurs.

CAS CONCRETS

Cochez si c'est votre cas !

- ☐ Peut-être avez-vous acheté une maison qui n'est pas dans vos moyens ?
- ☐ Peut-être roulez-vous avec une voiture choisie uniquement pour sa marque et sa beauté, et non son utilité ?
- ☐ Peut-être votre placard est-il rempli d'habits qui ne sont pas adaptés à vos revenus ?
- ☐ Peut-être vos habitudes de consommation sont-elles en train de causer votre surendettement ?

IL N'EST JAMAIS FACILE D'ADMETTRE QU'ON S'EST TROMPÉ OU QU'ON EST DANS L'ERREUR. Car l'admettre nécessite des actions correctives. Déménager dans plus petit ? Vendre sa superbe voiture ? Acheter moins ? Sortir moins avec ses amis ? Vendre certains objets ? Cela sonne comme un échec, un retour en arrière. On le refuse, on se braque.

La peur de devoir corriger certains aspects de nos vies nous pousse à vivre dans le flou.

Mais vivre selon ses moyens, est-ce vraiment un retour en arrière ? Ou s'agit-il plutôt d'une adaptation de notre train de vie à ce qu'on peut réellement et objectivement se permettre ?

Je pensais, moi aussi, que diminuer mon train de vie allait forcément me rendre malheureuse. Eh bien, vous savez quoi ? **DIMINUER MON TRAIN DE VIE ET SUPPRIMER LA MAJORITÉ DE MES DÉPENSES SUPERFLUES ONT ÉTÉ LES MEILLEURES DÉCISIONS DE MA VIE** (peut-être parce que c'était mon choix, et pas celui d'un huissier de justice). Je consacre du temps à planifier mes dépenses, je ne m'angoisse plus pour le lendemain et je n'ai plus jamais peur de regarder mon compte en banque, car je ne vois pas ce qui pourrait me surprendre puisque c'est moi qui contrôle mon argent.

Je n'ai pas subi, j'ai choisi. J'achète 90 % de cochonneries en moins et je suis 100 % plus heureuse.

ÊTES-VOUS PLUTÔT CIGALE OU FOURMI ?

Globalement, diriez-vous que vous dépensez trop par rapport à vos revenus ?

- ☐ Oui, ça fait deux semaines que je suis au régime pâtes à l'eau depuis mon dernier achat
- ☐ Non, j'ai de quoi acheter trois châteaux en Espagne

Si oui, dans quelle catégorie ?

- ☐ Alimentation (jamais sans mon croissant à la pause-café !)
- ☐ Habillement (moi, rater les tendances du moment ?!)
- ☐ Décoration (c'est fou ce que ça se démode vite !)
- ☐ Loisirs (je ne peux pas, j'ai saut en parachute tous les mercredis)

À votre avis, pourquoi agissez-vous de la sorte ?

....

....

Quels sont les domaines dans lesquels vous seriez prêt à réduire vos dépenses ?

- ☐ Alimentation : ....
- ☐ Habillement : ....
- ☐ Décoration : ....
- ☐ Loisirs : ....

Imaginez ce que ce changement vous apporterait de positif dans votre vie...

....

....

– 16 –

SORTIR DU « foutu pour foutu… »

Autrefois, j'étais la reine du « foutu pour foutu ». **DÈS QUE J'AVAIS UN PLAN ET QUE QUELQUE CHOSE VENAIT ENTRAVER SON EXÉCUTION, JE LAISSAIS TOUT TOMBER.** Je me disais : « C'est mort, je n'y arriverai pas, la journée/le mois est gâché, et à quoi bon continuer de faire des efforts puisque mon objectif ne sera pas atteint ? »

Un bon exemple de « foutu pour foutu » dans un autre domaine… Je décide de ne pas manger de sucre pendant quelques jours. Je craque néanmoins sur un morceau de chocolat. Comme je sais que je n'atteindrai pas mon objectif final, je m'autorise à manger la tablette entière.

Lorsque je succombais à un achat plaisir et que je savais déjà que, à cause de ça, je finirais le mois à découvert (alors que je m'étais fixé comme objectif de faire attention)… eh bien, j'arrêtais de surveiller mon compte et j'en profitais pour faire d'autres achats, en me répétant à chaque dépense : « De toute façon, c'est foutu pour ce mois-ci, je ferai mieux le mois prochain. »

AUJOURD'HUI, JE SAIS ME RAISONNER. J'AI COMPRIS QUE TOUT SE PASSE RAREMENT COMME PRÉVU. S'écarter du plan, flancher n'est pas une raison suffisante pour anéantir tous les efforts que j'ai pu faire depuis des mois. J'ai appris à m'adapter sans perdre de vue mes objectifs. Quand une dépense imprévue survient, je ne déchire pas mon budget en disant : « Il n'était pas bon. » Et si je craque pour un achat que je n'ai pas budgété, je ne me laisse pas aller davantage.

Je procède plutôt à une **RÉVISION DE MON BUDGET** pour voir comment je peux l'adapter à la nouvelle situation :

- *Est-ce que, dans mon budget, il y a des choses que j'ai payées moins cher que prévu ?*
- *Est-ce que je peux diminuer ou décaler certaines dépenses ?*
- *Est-ce que je peux trouver de l'argent supplémentaire (heures supp ou ventes d'objets que je n'utilise plus) ?*
- *Est-ce que je pioche dans mon épargne pour combler la différence (à envisager seulement si les trois premières astuces ne m'ont pas aidé à retrouver l'équilibre) ?*

Il est nécessaire de réadapter son budget (qui n'est en vérité qu'un plan, un fil conducteur) en fonction des situations qui se présentent.

LEÇON DU JOUR

Le budget reste rarement figé. Des choses imprévues arrivent tout le temps. Parfois il s'agit de revenus supplémentaires, parfois de dépenses inopinées, parfois on craque tout simplement pour une chose.

- 17 -

GÉRER SON BUDGET, *ça peut être fun !* (si, si)

Le fait de considérer la gestion budgétaire comme une activité ennuyeuse, fastidieuse, tout simplement barbante a contribué au développement, chez certaines personnes, d'une véritable aversion pour la gestion de leur budget. Si, par ailleurs, on considère qu'on est nul en maths ou qu'on n'aime pas les chiffres, il devient compliqué de s'y mettre.

Si c'est votre cas (et je peux vous dire que c'était le mien aussi), sachez **QU'IL EST POSSIBLE DE TRANSFORMER CETTE TÂCHE EN UNE ACTIVITÉ LUDIQUE.**

Imaginez une organisation qui va vous donner envie de faire vos comptes. Il peut s'agir de fabriquer de belles enveloppes pour votre épargne ou vos dépenses du quotidien, de créer de jolis visuels dans votre bullet journal, d'utiliser des couleurs que vous aimez dans le suivi de vos dépenses.

Savez-vous que les activités créatives diminuent le sentiment d'ennui ? Elles favorisent également la concentration.

Il ne faut vraiment pas négliger la notion de plaisir dans la mise en place de votre organisation budgétaire… pour que la budgétisation soit un moment agréable. Si vous avez déjà une activité créative comme le journaling, le bullet journal, le scrapbooking, la peinture ou même la couture, faites en sorte qu'elle puisse faire partie de votre nouvelle activité !

Si tu as un brin de créativité, tu peux créer ton budget planner toi-même ! Il aura ainsi l'avantage d'être complètement adapté à ta situation et à tes objectifs !

- 18 -

COMMENT GARDER *la motivation ?*

(parce que c'est comme le reste, ça s'entretient)

Par nature, la motivation est fluctuante : elle n'est jamais présente 24h/24. On peut la décrire comme une émotion qui, sous l'effet de l'excitation, nous booste sur le moment. C'est sous son impulsion qu'on fait des projets, qu'on se sent prêt à surmonter les obstacles et à foncer vers nos objectifs. Mais la motivation ne dure pas toujours bien longtemps. La plupart du temps, il y en a juste assez pour impulser un changement, rarement pour atteindre son but.

Lorsque les efforts à fournir deviennent une réalité, la motivation fond souvent comme neige au soleil. Encore plus quand il s'agit d'un objectif chiffré.

Concentrez-vous sur les choses que l'argent va vous permettre de faire au lieu de vous focaliser sur un chiffre précis à avoir sur votre compte en banque. **L'ARGENT N'EST PAS UNE FIN EN SOI, MAIS UN MOYEN DE RÉALISER VOS RÊVES.** Si vous perdez votre motivation, c'est que vous avez oublié quels étaient vos objectifs ou alors, après la phase euphorique, que ceux-ci vous semblent trop difficiles à atteindre. C'est pour cette raison qu'il est indispensable de les décomposer en plus petites étapes, si possible mensuelles.

CAS CONCRET

Au lieu de vous dire que vous voulez mettre de côté 10 000 € en trois ans pour pouvoir changer de voiture, divisez votre objectif en tranches annuelles, puis mensuelles. On est d'accord que mettre de côté 270 € tous les mois paraît plus abordable que de visualiser uniquement l'objectif final de 10 000 € ?

Vous avez un découvert important ? Ne vous focalisez pas sur son chiffre total, mais prenez un engagement avec vous-même de le réduire de 100 € chaque mois.

De cette manière, si vous tenez votre promesse, vous allez finir le mois victorieux, même si votre objectif final n'est pas encore atteint. C'est le principe de la méthode des petits pas. Concentrez-vous sur un pas à la fois et soyez content de chaque avancée. Tant que vous avancez dans la bonne direction, tout va bien !

Une autre méthode pour prolonger le bénéfice de la motivation consiste à visualiser vos progrès. J'utilise pour cela toutes sortes de trackers qui, en plus de mettre un peu de fun dans le suivi de mon budget, me permettent de voir le chemin déjà parcouru. Ils m'aident à fixer mes objectifs. En les remplissant et en les regardant régulièrement, j'ai l'impression de renforcer ma volonté d'obtenir ce que je veux.

Je suis impatiente, chaque mois, de pouvoir prendre mes feutres et m'amuser à colorier. À chaque trait de couleur, je sens que je m'approche de mon objectif.

J'adore inventer mes propres coloriages : d'un simple coup d'œil, je peux voir que j'avance dans la bonne direction !

Et puis, n'oubliez pas que la discipline est également un bon moyen de tenir lorsque vous ressentez une baisse de motivation. Pour cela, la création d'une routine vous permettant de consacrer du temps à votre argent est plus que nécessaire. Des étapes clairement formulées, un plan réaliste, un créneau dédié vous aideront ainsi à combattre le fameux « j'ai la flemme… »

- 19 -

IL N'EST JAMAIS TROP TARD *pour changer de direction*

(parole de scout !)

J'ai eu l'occasion d'échanger avec des centaines de personnes qui ont au quotidien des problèmes financiers. Ils sont nombreux à tourner en rond et à dire leur insatisfaction vis-à-vis de leurs finances, mais ils semblent persuadés qu'il n'existe pas de solution à leur problème… ou qu'il est de toute façon trop tard pour changer les choses. Ils passent donc plus de temps à échafauder des excuses qui les confortent dans cette croyance qu'à chercher des solutions.

Tu es capable de faire différemment. Il suffit de le décider.

Si vous êtes dans ce cas-là (sachant que cette attitude est une réponse assez naturelle de notre cerveau), je tiens à vous rassurer : je sais très bien ce que cela signifie d'être dans une mauvaise situation financière et de faire des bêtises avec l'argent, je connais le stress qu'on éprouve quand on découvre que plus de 75 % de notre salaire part dans les dépenses fixes et les mensualités de crédit, mais je sais également qu'il existe des moyens pour s'en sortir.

Même si vous avez fait beaucoup d'erreurs depuis plusieurs années, une prise de conscience de celles-ci et reconnaître que vous en êtes responsable (pour la plupart d'entre elles) vont vous aider à changer de direction.

Peu importe que vous ayez à ce stade une piètre éducation financière, **VOUS POUVEZ APPRENDRE À GÉRER VOTRE ARGENT ET À REPRENDRE LE CONTRÔLE SUR LUI.**

ÉDUCATION FINANCIÈRE

J'ai commencé à m'occuper de mon argent à l'aube de mes 40 ans. J'ai pu échanger avec des personnes qui ont fait la même chose au moment de la retraite. Ce qui nous lie, c'est le regret de ne pas avoir eu le déclic plus tôt. Mais cela ne nous empêche pas de modifier nos habitudes, nos croyances et notre façon de consommer. Tant qu'il reste du temps devant nous, ça vaut le coup !

PETIT
Budget
PLANNER
Cahier de finances personnelles
LA PETITE BUDGETEUSE

Budget LE MOT MAGIQUE

- 20 -

MAIS AU FAIT C'EST QUOI, *un budget ?*

On pense souvent, à tort, que faire un budget consiste uniquement à noter ses dépenses. C'est surtout à cause de cela qu'il jouit d'une mauvaise réputation et qu'il passe pour une tâche ennuyeuse et sans intérêt.

Comment est-il possible qu'on soit si peu nombreux à planifier à l'avance nos dépenses avec un budget alors que, quand on regarde autour de soi, dans la sphère professionnelle, tout le monde fonctionne avec un budget : l'État, les collectivités, les entreprises ? On n'est pourtant pas moins concerné par l'argent !

Noter les dépenses et vérifier les relevés bancaires constituent une partie importante de la gestion de ses finances, mais ces tâches n'ont aucun sens si elles ne sont pas liées à l'existence d'un budget prévisionnel. Noter vos dépenses est un acte passif qui sert à constater où est parti votre argent (il est donc trop tard pour réagir). C'est un peu comme conduire une voiture en regardant uniquement dans le rétroviseur. Ce qui donne beaucoup plus de pouvoir, c'est d'être actif dans sa façon de gérer l'argent, et donc de regarder vers l'avant. **ON NE VEUT PAS JUSTE CONSTATER, ON VEUT DIRIGER ET MAÎTRISER.**

Malgré toutes les réticences que ce mot peut susciter chez vous, un budget n'est rien d'autre qu'un récapitulatif des dépenses à venir.

Avec un budget, on écrit ce qu'on veut faire de son argent. Le fait de le prévoir augmente les chances d'atteindre des objectifs et non pas d'avoir des plaisirs insignifiants.

Avec le budget, **VOUS ÉTABLISSEZ UN PLAN, VOUS DESSINEZ UNE FEUILLE DE ROUTE POUR QUE VOTRE ARGENT VOUS SOIT LE PLUS UTILE POSSIBLE.** Il s'agit donc de décider à l'avance quelle utilisation vous allez faire de votre salaire. D'autant que durant toute votre vie, une énorme quantité d'argent va passer entre vos mains (environ 1 million d'euros, si on prend l'hypothèse d'un salaire de 2 000 € par mois). Ça mérite quand même qu'on s'en occupe, non ?

Faire un budget, c'est se mettre dans le rôle du PDG de votre vie et d'imaginer que vos sous sont vos employés. Vous les rassemblez lors d'une réunion d'équipe, puis vous leur donnez des tâches bien précises à effectuer pour servir les objectifs de votre entreprise (c'est-à-dire votre vie).

Avec la dématérialisation de l'argent, nous sommes nombreux à ne plus savoir dans quoi passe notre salaire et pourquoi il disparaît si vite. Parce que nous n'utilisons quasiment plus d'espèces, l'action d'achat est détachée de la notion de paiement. Avant, il suffisait d'ouvrir son portefeuille pour voir qu'il n'y avait plus rien dedans, alors qu'aujourd'hui, **NOUS POUVONS CONTINUER DE PAYER MÊME SI NOTRE COMPTE EST VIDE.**

Nous négligeons notre argent pourtant durement gagné en fonctionnant sans plan, sans stratégie. Résultat ? L'argent nous glisse entre les doigts sans que nous ayons vraiment le sentiment d'en profiter.

J'ai dressé mon premier budget à l'âge de 38 ans (après quelques tentatives qui se sont soldées par des échecs). J'ai longtemps associé ce mot à la privation, à la restriction, à quelque chose de compliqué, à la pauvreté ou à la radinerie, et aux chiffres, que je n'aime pas vraiment. Je ne voyais pas forcément les bénéfices qu'on pouvait tirer de cette activité. Je gagnais bien ma vie : budgéter c'était pour les pauvres ! Maintenant, je comprends que je craignais surtout d'affronter la réalité et de voir noir sur blanc l'état de mes finances. Parce que, **OUI, FAIRE UN BUDGET DEMANDE UN PEU DE COURAGE.** Il est par moment confortable de rester dans le flou, de vivre au jour le jour, de ne pas se poser de questions.

LE SAVIEZ-VOUS ?

Le mot « budget » vient de l'ancien français bougette, qui désignait au Moyen Âge une sacoche.

Croyez-moi, le budget n'est pas là pour vous restreindre dans vos dépenses. Au contraire, il est là pour **VOUS DONNER LA PERMISSION DE DÉPENSER SANS CULPABILITÉ NI REGRET** (c'est-à-dire selon vos moyens). Il vous confronte en même temps à la réalité et à vos limites.

C'est en faisant un budget que vous allez comprendre combien d'argent vous avez à votre disposition et combien vous pouvez en dépenser pour respecter l'équation « Revenu − Dépenses = Épargne + Investissement ».

Avec un budget, **VOUS ALLEZ RÉUSSIR À OPTIMISER VOS DÉPENSES**, à prévoir, à vous mettre en sécurité afin de faire face aux aléas de la vie. Et plus vous réduirez les dépenses inutiles, plus vous aurez d'argent pour vous faire plaisir !

Le budget est également un allié incontournable de vos projets et de vos objectifs. Lui seul est en mesure de vous aider à **DIRIGER VOTRE ARGENT VERS LES CHOSES IMPORTANTES**, en vous indiquant clairement votre capacité d'épargne.

Pour être efficace, le budget doit être écrit, simple et réaliste.

- 21 -

LA MÉTHODE budget zéro

(bénie soit-elle)

C'est la méthode que j'ai choisie pour la gestion de mes finances personnelles et sur laquelle s'appuie toute mon organisation budgétaire. Elle m'a permis de **REDRESSER RADICALEMENT L'ÉTAT DE MON ENDETTEMENT** et de commencer (enfin) à constituer une épargne.

La méthode budget zéro (ou budget à base zéro), comme toutes les autres méthodes de gestion, est basée sur la **PLANIFICATION ANTICIPÉE DES DÉPENSES.** Sa particularité réside dans le fait de repartir de zéro chaque mois, de remettre en cause chaque dépense en réfléchissant à son utilité et de trouver l'utilisation pour chaque euro afin que la différence entre les revenus et les dépenses soit égale à zéro.

Dans la plupart des autres méthodes budgétaires, on fonctionne avec la notion de « reste à vivre », c'est-à-dire avec ce qui reste une fois qu'on a soustrait de ses revenus toutes les dépenses fixes. Ce reste à vivre doit couvrir toutes les dépenses variables ainsi que l'épargne. C'est un fourre-tout qui, à mon avis, est compliqué à cerner et à surveiller, et qui ajoute du flou dans notre perception de ce qu'on peut réellement se permettre de dépenser.

Bien évidemment, certaines dépenses sont fixes et, une fois bien optimisées, elles ne seront pas remises en cause chaque mois. En revanche, **LES DÉPENSES VARIABLES ET L'ÉPARGNE DEVRONT ÊTRE AJUSTÉES À CHAQUE FOIS EN FONCTION DES BESOINS DU MOIS.**

Cette méthode de budgétisation permet vraiment de prendre conscience que nos ressources sont limitées et d'adapter notre consommation en fonction des variations de revenus et des dépenses du mois.

La méthode budget zéro présente une particularité essentielle : elle ne considère pas le reste à vivre comme un tout mais s'efforce de le répartir en détail entre différentes catégories (pour les remettre en question et les optimiser !).

CAS CONCRET

Prenons l'exemple d'un revenu mensuel de 2 000 €. Avec la méthode budget zéro, on prévoit l'utilisation de la totalité des 2 000 €, de manière à arriver à 0 à la fin.

Revenu mensuel : 2 000 €

- Remboursement des crédits : 300 €
- Dépenses fixes (loyer, assurances, électricité...) : 650 €
- Épargne projet 1 : 50 €
- Épargne projet 2 : 50 €
- Épargne projet 3 : 100 €
- Épargne fonds d'urgence : 100 €
- Remboursement de découvert : 50 €
- Cantine : 50 €
- Courses alimentaires : 400 €
- Transports : 50 €
- Plaisirs : 100 €
- Divers/imprévus : 100 €

= 0

Cette méthode fonctionne merveilleusement bien avec les petits budgets, mais pas seulement. Elle permet d'adapter les dépenses aux revenus et aux dépenses de chaque mois… parce que les besoins et le plan des dépenses associées ne sont pas les mêmes à Noël ou à l'approche des vacances d'été.

« Budget zéro » ne veut pas dire qu'on dépense tout jusqu'à ce qu'il n'y ait plus rien. Mais cette méthode oblige à faire des choix de dépenses tout en prenant en compte l'épargne.

Budget mensuel
mars 2020

Revenu	Prevu	Réel
SALAIRE	3795	
CAF	132	
PENSION	300	
LOYER	650	
TOTAL [A]	4877	

Crédits/Dettes	Prévu	Réel
RESID PRINCIP.	606	
APPART INVEST	95	
TRAVAUX RESID P.	490	
ACTION LOGEMENT	154	
CONSO	222	
TOTAL [B]	1567	
Reste (A-B)	(3310)	

Epargne	Prévu	Réel
ASSUR. VIE	100	
FOND URGENCES	555	
FOND AUTO	40	
FOND RENTREE	40	
FOND NOEL	20	
TOTAL [D]	755	
Reste (D-C)	(1589)	

Dépenses fixes	Prévu	Réel
SPOTIFY	15	
FRAIS BANQUE	7	
ASSUR PRET	10	
ASSUR Joliette	15	
ASSUR MAAF	25	
EDF	32	
SFR RED	7	
SFR BOX	73	
ECOLE MAX	420	
CHARGES APPART	189	
TAXE FONCIERE	131	
TAXE HABITATION	30	
CANVA	12	
TOTAL [C]	966	
Reste (B-C)	(2344)	

Dépenses variables	Prévu	Réel
ARGENT POCHE	50	
CENTRE AERE 2017	77	
CANTINE	114	
REVISION VOITURE	220	
TRANSPORT MAX	100	
WEEKEND MAMIE	228	
TOTAL [E]	789	
Reste (E-D)	(800)	

Notes

à partir de 10/04 GROUPAMA 81€ (sur Boursorama)

SFR → Frais activation service 49€ – facturé en mars !

Enveloppes	Prévu	Réel
CARBURANT	270	
COURSES	300	
RESTO	40	
DIVERS	90	
SHOPPING	100	
TOTAL [F]	800	
Reste (F-E)	0	

SON AVANTAGE : elle ne laisse aucune place à l'improvisation, en nous obligeant à établir chaque mois un plan qui colle à nos besoins du moment. On sort du schéma d'un budget moyen consistant à consommer selon nos habitudes et non selon nos besoins. On s'autorise à créer une nouvelle feuille de route qui prend la forme d'un nouveau départ chaque mois.

SON INCONVÉNIENT : il faut une bonne dose d'anticipation et d'autodiscipline. On arrive rarement à faire un budget prévisionnel nickel du premier coup. C'est un processus progressif qui demande du temps pour apprendre à se connaître, pour comprendre ses habitudes de consommation et surtout pour avoir une vision claire de ses dépenses.

- 22 -

L'ARGENT EST ROI...
Détrônons-le !

Si on me demandait ce qui a le plus impacté ma manière de dépenser de l'argent, je répondrais sans hésiter : payer avec de l'argent liquide. Cette méthode n'a rien de nouveau, car elle date de l'époque où les cartes de crédit n'existaient tout simplement pas.

Il faut savoir **QU'UTILISER DE L'ARGENT LIQUIDE DONNE UNE MEILLEURE PERCEPTION DE NOS DÉPENSES.** D'un seul coup d'œil, on peut savoir de combien d'argent on dispose. Rien n'est différé : ce qui est payé n'est plus dans le portefeuille.

Il se passe exactement le contraire avec les moyens de paiement dématérialisés comme les cartes bancaires ou les chèques. Avec eux, nous avons tendance à perdre le contrôle de nos dépenses, car même si nous n'avons plus d'argent, nous pouvons toujours payer avec.

Cartes préenregistrées sur les boutiques Internet, paiement sans contact, cartes à débit différé, paiement en 3 fois. C'est tellement facile de les utiliser !

Je vais vous dévoiler un petit secret : contrairement à ce qu'on nous dit, il ne s'agit pas de services qui sont mis en place pour nous faciliter la vie. Ils sont mis en place uniquement pour faciliter l'achat et réduire le temps de réflexion qui pourrait s'écouler entre l'envie de posséder quelque chose et le paiement.

Ne vous est-il jamais arrivé de changer d'avis à cause d'une trop longue attente à la caisse ? Ou parce que vous n'aviez pas votre carte sur vous ? Voire d'abandonner votre panier en ligne parce qu'il fallait que vous descendiez les escaliers pour récupérer au rez-de-chaussée la carte qui se trouvait dans votre sac à main ? Les pros du marketing l'ont bien compris : ils font tout pour ne pas laisser au client le temps de changer d'avis.

Sachant que nos dépenses sont influencées par nos émotions, **NOUS TOMBONS ALLÈGREMENT DANS LE PIÈGE DES ACHATS COMPULSIFS AVEC CES MOYENS DE PAIEMENT FACILES ET RAPIDES.** Notre raison n'a même pas le temps d'intervenir. Aucune question n'a le temps d'arriver jusqu'à notre cerveau. L'être humain est faible et influençable, et les marques ont appris à décrypter ses comportements pour guider le client potentiel vers une consommation hors de contrôle.

Une fois qu'on l'a compris, un bon moyen de protection est d'utiliser les espèces pour certaines catégories de dépenses. Il a été prouvé que **L'UTILISATION DE L'ARGENT PHYSIQUE GÉNÈRE UN SENTIMENT DÉSAGRÉABLE AU MOMENT DU PASSAGE EN CAISSE ET DIMINUE LE PLAISIR D'ACHETER.** Lorsqu'on paie avec des pièces et des billets, l'argent n'est plus un objet virtuel : il devient concret, on peut le toucher, le sentir, le voir partir.

Si ton argent te file entre les doigts, essaie d'utiliser du liquide... Cela rendra plus douloureux tes actes d'achat.

- 23 -

LA MÉTHODE DES ENVELOPPES… c'est magique !

Il se peut que vous n'ayez jamais entendu parler de la méthode des enveloppes… alors qu'il s'agit de la plus ancienne qui soit pour gérer son budget. Je me souviens parfaitement que ma grand-mère épargnait des billets dans des enveloppes pour préparer de grosses dépenses (comme le chauffage en hiver). Aujourd'hui, avec l'arrivée de moyens de paiement dématérialisés, elle est tombée aux oubliettes. Et on peut même dire qu'à l'ère du « tout digital », elle peut sembler un peu *old school*, voire ridicule.

Sachez toutefois que, **SI VOUS AVEZ DU MAL À RESPECTER VOTRE BUDGET, VOUS DEVEZ UTILISER CETTE MÉTHODE !** Car si l'argent vous file entre les doigts, c'est parce que vous n'avez pas d'indicateurs qui puissent vous indiquer quand vous devez vous arrêter ! Les enveloppes servent précisément à cela.

Pour vous donner l'explication la plus simple possible, le système des enveloppes consiste à matérialiser vos catégories de dépenses variables, dans le but de **VISUALISER FACILEMENT DE COMBIEN D'ARGENT VOUS DISPOSEZ POUR CHAQUE CATÉGORIE.** Vous suivrez ainsi vos dépenses non plus seulement au niveau de votre budget global, mais pour chaque catégorie de dépenses.

Spontanément, on associe à cette méthode l'utilisation d'argent liquide, mais **CE SYSTÈME PEUT AUSSI TRÈS BIEN FONCTIONNER EN MODE VIRTUEL.** La clé pour un budget réussi est de trouver une organisation qui fonctionne pour vous et votre famille… et il se peut que votre mode de vie et vos habitudes de consommation ne soient pas compatibles avec les espèces.

Tu es le seul à pouvoir décider si tu appliqueras la méthode des enveloppes avec des espèces ou avec de l'argent virtuel.

Moi-même, je pratique un système mixte : enveloppes de cash pour les catégories comme « alimentation » et « achats plaisirs », enveloppes virtuelles pour « carburant » et « imprévus ». **LA SEULE RÈGLE, C'EST DE NE PAS UTILISER DE CARTE À DÉBIT DIFFÉRÉ, MAIS DE PAYER COMPTANT.** Le virtuel exige également davantage d'autodiscipline pour respecter son budget. Cela nécessite aussi la création d'un système de suivi des dépenses à l'intérieur de chaque enveloppe virtuelle. Retrouvez en fin d'ouvrage un tuto et du papier pour faire vos propres enveloppes (voir p. 216-217) !

L'avantage principal de ce système ? Une fois que vos dépenses atteignent la limite que vous vous êtes fixée dans une catégorie (« achats plaisir », par exemple), vous devez stopper vos dépenses de cette catégorie… sous peine de déséquilibrer votre budget.

CATÉGORIE BUDGET
DIVERS 80€
DESCRIPTION DATE +/- SOLDE
DIVERS
CATÉGORIE BUDGET
COURSES 300€
DESCRIPTION DATE +/- SOLDE
COURSES
CATÉGORIE BUDGET
RESTO 40
DESCRIPTION DATE +/- SOLDE
RESTO
OBJECTIF
400€
SOLDE
2020
CATÉGORIE
MAINT. AUTO

- 24 -

LE FONDS D'URGENCE
est in-dis-pen-sa-ble

Quand on me demande quel doit être le premier objectif lorsqu'on décide de prendre ses finances en main, ma réponse est simple : il faut créer un fonds d'urgence.
N'ayez pas peur, je ne vais pas vous demander de mettre rapidement de côté l'équivalent de trois ou six mois de salaire. Dave Ramsey, le gourou des finances aux États-Unis, préconise de **COMMENCER PAR 1 000 €... ET JE SUIS TOUT À FAIT D'ACCORD AVEC LUI.**

POURQUOI ?
• Avoir un matelas de 1 000 € est déjà bien suffisant pour retrouver un certain sentiment de sécurité (et de fierté d'avoir pu épargner une belle somme).
• Cette somme est atteignable assez rapidement si on se montre motivé et ingénieux.
• Elle est suffisante pour couvrir la plupart des imprévus : appareil ménager en panne, régularisation d'une facture, retard sur des remboursements, réparation de la voiture…

Bien évidemment, 1 000 € ne seront pas suffisants pour répondre à toutes les urgences qui peuvent surgir, comme la nécessité de changer de voiture ou la perte de son emploi. **MAIS CHAQUE CHOSE EN SON TEMPS !** En mettant en place une épargne en cas d'urgence de 1 000 €, vous aurez déjà le bonheur de rejoindre le cercle des Français épargnants.

LE SAVIEZ-VOUS ?

Les Français sont-ils vraiment les « champions de l'épargne » ? Une étude menée par la banque ING en 2017 a démontré que presque un quart des foyers français ne possèdent pas d'épargne. Une autre étude commandée par le cabinet d'assurances Genworth révèle que la majorité de la population se déclare incapable d'économiser plus de 50 € tous les mois.

Atteindre ce premier palier d'épargne vous prouvera que vous êtes capable d'épargner de l'argent. Et si vous avez réussi à réunir 1 000 €, vous pourrez par la suite épargner une somme équivalente, voire plus.

Cette somme, *a priori* peu importante, sera **VOTRE PREMIER REMPART CONTRE LE DÉCOUVERT ET LES CRÉDITS**. Quand une dépense imprévue apparaîtra à l'horizon, vous serez prêt à l'affronter sans faire basculer vos comptes dans le rouge. Bien évidemment, vous devrez ensuite renflouer ce fonds pour qu'il puisse jouer de nouveau son rôle si le besoin se représente.

Comment réunir cette somme rapidement ? La réponse se trouve dans votre budget. C'est le moment de regarder en détail chaque catégorie de dépenses et de vérifier sa pertinence. **VOUS ALLEZ DEVOIR FAIRE LE TRI ENTRE LE SUPERFLU ET LES VÉRITABLES BESOINS**. Je vais dire ça différemment : vous allez devoir vous serrer la ceinture. Vous avez l'habitude de dépenser 12 € chaque midi pour un repas avec vos collègues de bureau ? Préparez votre gamelle à la maison. Vous avez prévu une escapade en amoureux ? Annulez, tant que votre fonds d'urgence n'est pas constitué. Cela vous paraît radical ? Hmmm… peut-être… Mais trouvez-vous logique de dépenser votre argent dans le superflu alors que vous n'avez pas un centime de côté ? On parle quand même là de votre sécurité financière…

> Montre-toi créatif pour constituer ce fonds d'urgence ! Avec un peu d'imagination, je suis sûre que tu peux réunir 1 000€ rapidement.

J'ai constitué mon fonds d'urgence assez rapidement en vendant beaucoup de choses que j'avais chez moi (ordinateur, matériel de plongée, quelques meubles, accessoires d'appareil photo…). Chaque euro des ventes partait dans le fonds d'urgence. Puis j'ai drastiquement réduit mes dépenses. Vous pouvez également chercher à gagner plus d'argent pour réussir à constituer votre fonds d'urgent plus rapidement.

Attention !
L'argent épargné pour constituer votre fonds d'urgence doit être placé dans un placement accessible et sécurisé distinct de votre compte courant. Ne cherchez pas de meilleur rendement pour ce fonds, il n'a pas vocation à vous rapporter des intérêts, mais à vous aider à affronter les imprévus.

Mon fonds D'URGENCE

OBJECTIF :

- 25 -

LE FONDS DE PRÉCAUTION : *ça se discute !*

Le fonds de précaution est un complément de votre fonds d'urgence. Alors que ce dernier sert à couvrir les petits imprévus de la vie, le fonds de précaution est là **POUR VOUS PROTÉGER CONTRE LES GROS CHANGEMENTS PROFESSIONNELS OU LES ÉVÉNEMENTS MALHEUREUX.**

LE SAVIEZ-VOUS ?

Dans l'hypothèse où ils perdraient leur source de revenus, presque quatre Français sur dix (38 %) s'estiment dans l'incapacité de tenir plus d'un mois avec leurs économies. 20 % des sondés pourraient même se retrouver en grande difficulté en moins d'une semaine.

*D'après l'institut de sondage SMG Insight/YouGov, mandaté par le cabinet d'assurances Genworth en juin 2015.

La récente crise sanitaire a démontré à quel point nos vies peuvent rapidement basculer. Perte d'emploi, maladie, accident… cela n'arrive pas qu'aux autres. Même si nous vivons dans un pays qui n'a pas à rougir de sa protection sociale, chacun doit faire l'analyse de ses risques et de leurs probabilités en fonction de la taille de sa famille, de son état de santé, de la stabilité de son emploi, de sa situation vis-à-vis du logement (propriétaire ou locataire)…

On peut lire un peu partout qu'un fonds de précaution doit pouvoir couvrir trois à six mois de nos dépenses fixes. N'oublions pas que cette préconisation nous vient des États-Unis, pays qui n'a pas le même système de protection sociale que la France. Nous avons la Sécurité sociale, l'assurance chômage, les prévoyances et les différentes assurances. Donc pour trouver le montant qui va vous mettre en sécurité, **JE VOUS CONSEILLE D'APPLIQUER LES MÊMES CRITÈRES QUE CEUX AUXQUELS VOUS RECOUREZ POUR CHOISIR UNE ASSURANCE.**

Tout comme je considère que je n'ai, par exemple, pas besoin d'une assurance spécifique « hospitalisation » car je pense ne jamais l'utiliser, je peux aussi réduire un peu mon fonds d'urgence si ma situation professionnelle est relativement stable. Lorsque j'étais salariée d'une grande société dotée d'une convention collective et d'une prévoyance avantageuse, je me sentais en sécurité avec un fonds de précaution équivalent à trois mois de mes dépenses fixes. Maintenant que je suis devenue indépendante, j'estime que mon fonds de précaution doit couvrir huit mois de mes dépenses fixes.

TOUTE LA DIFFICULTÉ CONSISTE À TROUVER LE BON ÉQUILIBRE entre le risque que votre situation personnelle constitue, le risque que vous êtes prêt à prendre et votre besoin de sécurité. Vous seul êtes donc en mesure de définir le juste montant pour votre fonds de précaution.

Si tu aimes vivre dangereusement, tu es libre de fonctionner sans fonds de précaution.

Il est important de placer cet argent dans un placement sans risque. Il n'est en revanche pas nécessaire que les fonds soient disponibles immédiatement. Comme il peut représenter une somme conséquente, je pense qu'une assurance vie en fonds euros est un bon placement pour cette somme. Il se peut que vous n'ayez pas besoin d'y recourir pendant de longues années : il convient donc d'optimiser ce placement. En assurance vie, vos fonds sont en général accessibles sous 48 à 72 heures et vous bénéficiez d'intérêts composés ainsi que d'un avantage fiscal (si votre contrat a plus de huit ans).

DE QUEL FONDS DE PRÉCAUTION AVEZ-VOUS BESOIN ?

Comment définiriez-vous votre situation professionnelle ?

☐ Très sûre ☐ Plutôt sûre ☐ Peu sûre ☐ Pas sûre du tout

Vous sentez-vous plutôt serein par rapport à ce risque ?

Comment définiriez-vous votre couverture santé (mutuelle…) ?

☐ Très sûre ☐ Plutôt sûre ☐ Peu sûre ☐ Pas sûre du tout

Vous sentez-vous plutôt serein par rapport à ce risque ?

Comment définiriez-vous votre couverture face aux risques de la vie (assurances…) ?

☐ Très sûre ☐ Plutôt sûre ☐ Peu sûre ☐ Pas sûre du tout

Vous sentez-vous plutôt serein(e) par rapport à ce risque ?

D'après vous, combien de mois de dépenses fixes votre fonds de précaution devrait-il couvrir pour que vous vous sentiez en sécurité ?

À quelle somme cela correspond-il ?

- 26 -

LE FONDS D'AMORTISSEMENT (le fonds de quoi… ?)

Le fonds d'amortissement n'est rien d'autre qu'UNE ÉPARGNE QUI PERMET DE FAIRE FACE À UNE DÉPENSE FUTURE. Il s'agit d'une dépense qu'on n'est pas en mesure d'absorber dans le budget mensuel en une seule fois. Ces dépenses sont souvent classées dans la catégorie « imprévus », mais elles sont en réalité assez prévisibles.

CAS CONCRET

Quand on a une voiture qui vient de dépasser les 220 000 km, on peut quand même supposer qu'à raison de 30 000 km par an, statistiquement, on risque une panne grave qui nous obligera à la remplacer d'ici deux ans au maximum…

Le fonds d'amortissement recouvre également TOUTES LES DÉPENSES NON MENSUALISÉES OU QUI INTERVIENNENT POUR DES OCCASIONS BIEN PRÉCISES.

Un exemple ? En octobre, si vous être propriétaire et si vous n'avez pas opté pour la mensualisation, vous allez devoir payer une taxe foncière de 1 000 €. Serez-vous en mesure d'effectuer ce paiement sur un mois seulement ? Si ce n'est pas le cas, il est nécessaire de mettre en place un fonds d'épargne pour cette somme. Idem pour les fêtes de Noël. Si chaque année, en janvier, vous vous retrouvez avec une gueule de bois financière parce que, entre les repas et les cadeaux, vous avez dépensé plus que votre paie, il faut peut-être anticiper cela l'année prochaine.

Voici les fonds d'amortissement qu'on rencontre le plus souvent :

- Vacances / voyages
- Réparations de la voiture
- Anniversaires
- Travaux de rénovation
- Rentrée scolaire/Noël
- Nouvelle voiture
- Apport pour un achat immobilier
- Ordinateur/téléphone
- Impôts
- Permis de conduire

Ce type d'épargne est une épargne à plutôt court ou moyen terme, raison pour laquelle beaucoup de personnes font le choix de faire l'impasse dessus et préfèrent utiliser des crédits à la consommation. Je vous propose la chose suivante : au lieu de payer des mensualités avec des intérêt à la banque, raisonnez différemment **ET FAITES-VOUS UN CRÉDIT À VOUS-MÊME EN METTANT DE L'ARGENT DE CÔTÉ CHAQUE MOIS POUR ENSUITE PAYER CASH CES DÉPENSES.**

Il est assez facile d'estimer la date à laquelle tu auras besoin de réunir la somme. Cela te permettra de déterminer le montant à épargner chaque mois pour être prêt à temps.

QUELS FONDS D'AMORTISSEMENT AVEZ-VOUS BESOIN DE CONSTITUER ?

Essayez de lister les dépenses importantes que vous aurez à faire à court et moyen terme :

• Dans l'année

• Dans les 3 ans à venir

Une fois ce bilan effectué, pensez-vous que vos objectifs sont réalistes et correspondent à votre capacité d'épargne ?

☐ Oui, même que je peux dès à présent faire un crédit pour un palace.

☐ Non, déjà que le café noisette de la machine est trop cher pour moi !

Priorité	Dépense à venir	Somme nécessaire (fonds d'amortissement)	Date de réalisation	Épargne mensuelle envisagée
1				
2				
3				
4				

Si ce n'est pas le cas, à quels fonds d'amortissement pourriez-vous renoncer ? Ou quels revenus complémentaires pourriez-vous envisager ?

- 27 -

VIVE LES FONDS *d'investissement !*

Mais attention quand même...

Maintenant que nous avons vu la différence entre les fonds d'urgence, les fonds de précaution et les fonds d'amortissement, il est temps de parler des fonds d'investissement. Autant les trois premiers sont là pour vous mettre en sécurité et vous permettre d'assumer des dépenses futures importantes, autant **LE FONDS D'INVESTISSEMENT EST LÀ POUR VOUS FAIRE GAGNER DE L'ARGENT.** Je ne vais pas m'attarder beaucoup sur ce sujet, car il est vaste et nécessiterait un livre à lui tout seul si on voulait aborder toutes les possibilités (l'immobilier, la bourse, les obligations, la cryptomonnaie…).

J'ai néanmoins quelques informations à vous donner concernant les investissements. Je vous ai dit précédemment que, pour avoir des finances saines, il fallait avoir 20 % de connaissances théoriques et 80 % de bons comportements. Cela est vrai tant que vous ne cherchez pas à faire travailler votre argent. Le jour où vos dépenses seront sous contrôle, que vous aurez terminé d'alimenter votre fonds d'urgence et que vous serez débarrassé de vos crédits à la consommation, vous allez vous retrouver avec un surplus d'argent prêt à être investi. Mais **IL N'EXISTE PAS D'INVESTISSEMENT RENTABLE SANS RISQUE.** Dans l'investissement, le risque de perte de capital est une réalité. Il sera alors temps de faire sérieusement votre éducation financière, car les connaissances que vous allez acquérir sur le fonctionnement des placements financiers sont le seul rempart efficace, capable de diminuer le risque que vous allez prendre.

Attention !
Les banques et les institutions financières ne veulent qu'une seule chose : votre argent. Le fait de rendre opaque la gestion de certains supports, d'utiliser des mots compliqués permet de cacher des frais et de vous faire payer sans que vous ne vous en aperceviez. Avoir des connaissances, décrypter le langage vous permettra donc de fuir ce genre de contrats et d'investir votre argent seulement dans les placements dont vous comprenez le fonctionnement. En suivant sans comprendre les recommandations d'une tierce personne, on risque de perdre l'argent durement gagné.

J'aime citer les mots sages de Warren Buffett :
« Le risque provient de ne pas savoir ce que l'ont fait. »

Vous devez acquérir assez de connaissances en matière d'investissement pour être en mesure de choisir vos placements en complète autonomie. **EN PLUS DE CONNAÎTRE LE FONCTIONNEMENT DU PLACEMENT QUE VOUS CHOISIREZ, VOUS DEVEZ AUSSI COMPRENDRE SON IMPACT SUR VOTRE IMPOSITION.** Votre tranche d'imposition, vos objectifs, vos projets, vos besoins, votre rapport à l'argent et au risque sont uniques. Vous devez être en mesure de prévoir quelle incidence l'investissement que vous allez choisir aura sur votre situation personnelle. Combien de personnes investissent dans l'immobilier puis se retrouvent extrêmement surprises par le montant de l'impôt qu'elles doivent payer sur leurs revenus locatifs ?

Lisez donc des livres et des blogs traitant d'éducation financière, écoutez des podcasts, suivez des webinaires et des formations : **INVESTISSEZ TOUT SIMPLEMENT VOTRE TEMPS POUR MIEUX INVESTIR VOTRE ARGENT.**

Plus vous allez devenir savant en matière de finances, plus vous allez avoir l'impression de découvrir un monde parallèle où l'argent est capable de créer de l'argent. On nous apprend à travailler pour l'argent, mais on ne dit pas que l'argent a également la capacité de travailler pour nous ! Ce n'était pas une évidence pour moi il y a encore quelques mois. Actifs, passifs, effet de levier, intérêts composés : ces notions ont changé ma vision des choses à jamais !

- 28 -

L'ÉPINEUSE QUESTION
du découvert bancaire

Savez-vous que 25 % des Français se retrouvent à découvert une fois par mois ? Et que ce problème est loin de toucher uniquement les personnes ayant un revenu modeste ?

Je voudrais vous raconter mon histoire avec le découvert. Quand j'ai commencé peu à peu à reprendre mes finances en main, je suis allée consulter mes relevés bancaires de l'année qui venait de s'écouler. J'ai constaté (bon, d'accord, ce n'était pas non plus une grande surprise) que, sur les 12 derniers mois, 9 s'étaient terminés avec un découvert supérieur à 800 € (pour une autorisation de 1 000 €). Le plus fou, c'est que ça ne me semblait pas trop grave, presque normal, **COMME SI CE DÉCOUVERT ÉTAIT UN DROIT ET QUE JE POUVAIS DONC L'UTILISER JUSQU'AU BOUT.** Mon objectif du mois n'était finalement pas de terminer dans le vert, mais de ne pas dépasser les – 1 000 €.

On distingue deux types de découvert :
- Le découvert autorisé : il s'agit d'un montant négatif, sans que cela n'entraîne de frais. Le montant est défini avec les banques en amont selon vos revenus.
- Le découvert non autorisé : il débute quand vous dépassez le montant de votre découvert autorisé.

IL EST ESSENTIEL DE COMPRENDRE CELA : QU'IL SOIT AUTORISÉ OU NON, LE DÉCOUVERT ENTRAÎNE DES FRAIS. Le découvert autorisé est relativement indolore, les intérêts (ou agios) sont faibles, cependant, son dépassement vous expose à des frais très importants. Quand vous dépassez le montant autorisé, la banque, en plus des intérêts que vous allez payer, applique des frais pour les incidents de paiement. Le dépassement de découvert autorisé augmente le risque de paiement rejetés et des frais de pénalité. Finalement, peu importe que les prélèvements soient honorés par la banque ou pas, les frais d'incident vous seront appliqués dans les deux cas.

Le découvert est bel et bien un crédit ! Et les agios sont les intérêts que tu payes pour pouvoir l'utiliser.

Si vous êtes dans le découvert depuis plus de trois mois, la banque a l'obligation de vous proposer de transformer votre découvert en crédit. Cela permet de payer moins d'intérêts et d'éviter les commissions d'intervention à répétition. Mais c'est vraiment une solution ultime et il faudra être sûr que vos dépenses sont sous contrôle avant de le faire. Vous risquez sinon de vous retrouver avec un crédit à payer tout en creusant un nouveau découvert.

Il n'y a pas de mal à utiliser son découvert de temps en temps : c'est son rôle d'être là pour nous permettre d'honorer nos engagements même si notre compte n'affiche pas le solde suffisant. En revanche, **UNE UTILISATION ABUSIVE DE DÉCOUVERT, SURTOUT SI CELUI-CI N'EST PAS AUTORISÉ, NÉCESSITE DES ACTIONS IMMÉDIATES.**

LA PREMIÈRE SOLUTION, la plus simple, c'est de piocher dans votre épargne et de ramener votre découvert sous le seuil d'autorisation pour limiter les frais. **LA SECONDE,** si vous ne disposez pas d'une épargne suffisante, c'est de contacter votre banquier et de négocier avec lui une autorisation de découvert autorisé plus élevé, mais temporaire. Cela nécessitera d'avoir de bons arguments… et un vrai plan d'action pour échelonner le remboursement de votre découvert.

L'astuce

Si vous n'avez pas confiance en votre capacité de maintenir un solde positif sur votre compte, je vous conseille vivement de supprimer votre autorisation de découvert et d'opter pour une carte de paiement à autorisation systématique !

- 29 -

LE RECOURS AUX CRÉDITS : *sachez résister à la tentation !*

« Ne dépensez jamais votre argent avant de l'avoir gagné. »
Thomas Jefferson

En vingt ans, **LE TAUX D'ENDETTEMENT DES MÉNAGES A ÉTÉ PRATIQUEMENT MULTIPLIÉ PAR DEUX.** Mais cette augmentation ne s'est pas traduite par une explosion du surendettement : il y a eu deux fois moins de dossiers en dix ans (source BDF). Peut-on en déduire qu'on a appris à se servir correctement des crédits ? Je n'en suis pas si sûre. Je pense qu'on doit plutôt remercier les pouvoirs publics qui ont considérablement limité les excès du crédit, en encadrant la publicité et la fonction crédit des cartes de fidélité, et en limitant les effets pervers du crédit renouvelable. Les organismes de crédit doivent également s'assurer de la solvabilité des emprunteurs avant d'accorder un nouveau prêt.

Ne te laisse pas entraîner dans une vie au-dessus de tes moyens en vivant à crédit.

Laissez-moi vous dire que **CE N'EST PAS PARCE QUE VOUS PENSEZ POUVOIR SUPPORTER LA MENSUALITÉ DE VOTRE CRÉDIT QUE VOUS AVEZ LES MOYENS DE LE PRENDRE.** C'est surtout vrai pour l'achat d'un logement ou d'une voiture. On a un peu trop tendance à se focaliser uniquement sur le prix d'achat et on oublie les taxes, les assurances, l'entretien, les mauvaises surprises.

L'acquisition tant espérée devient ensuite un gros boulet dans notre quotidien, qui « mange » une grande partie de nos revenus. Et cela devient même dramatique si la belle voiture à crédit tombe en panne ou que le logement nécessite des travaux de chauffage, par exemple.

Et puis, **ON OUBLIE QUE LES CRÉDITS DURENT LONGTEMPS !** Au moment de leur souscription, on veut croire que notre situation va soit être toujours la même, soit s'améliorer. Être au taquet de ce qu'on peut payer en crédit ne laisse pas une grande marge de manœuvre en cas de baisse de revenus ou d'une mauvaise surprise. Les enfants qui partent faire des études coûteuses, le conjoint qui décide de refaire sa vie avec quelqu'un d'autre…

On ne va pas se mentir, **LE CRÉDIT NOUS ENLÈVE UNE BELLE PART DE NOTRE LIBERTÉ :** tant qu'on doit payer les mensualités, il est difficile de faire de grands changements dans notre vie (comme reprendre les études, changer d'emploi…).

Le crédit n'est pas mauvais en soi, il doit juste être **UTILISÉ AVEC PARCIMONIE ET AVEC INTELLIGENCE,** en prenant en compte le poids qu'il va représenter pendant un long moment.

L'astuce

Si vous n'avez pas d'autre choix que de prendre un crédit, négociez toujours la possibilité de moduler vos mensualités ainsi que l'absence de frais en cas de remboursement anticipé.

De manière générale, mieux vaut toujours essayer de sortir de la logique consistant à considérer votre futur achat à travers le prisme du « combien la banque va-t-elle accepter de me prêter au maximum ? »

VOTRE ACHAT DOIT ÊTRE FAIT PAR RAPPORT À VOTRE BESOIN ET DE VOTRE SITUATION et non par rapport à la mensualité que vous pensez être capable de rembourser.

CRÉDIT : FAITES LE BILAN !

Spontanément, diriez-vous que vous êtes...

☐ Très endetté(e) ☐ Raisonnablement endetté(e)

☐ Peu endetté(e) ☐ Pas endetté(e) du tout

Étudiez précisément votre situation financière et listez les mensualités de crédits que vous remboursez chaque mois :

- ....
- ....
- ....
- ....
- ....

Total = ...

Quelle part de vos revenus ce total représente-t-il (en %) ?

....

Que pensez-vous de cette situation ? Faudrait-il la faire évoluer ? Comment ?

....

....

....

....

....

©BCE ECB ЕЦБ EZB EKP EKT EKB BĊE EBC 2015
20
MAINTENANCE
VOITURE
360 €
+/-
SOLDE
30
+30
0
-30
+30
60
120
FEVRIER
+60
220
AVRIL
+100
MAI
RENTRÉE
SCOLAIRE
DATE
12
JANVIER
FEVRIER
MARS
AVRIL
MAI
+40

Prenez vos finances EN MAIN

- 30 -

TROUVEZ votre point de départ

Imaginez que vous allez participer à Koh-Lanta et qu'on vous donne une carte qui vous permettra de trouver un totem d'immunité. Le problème, c'est que vous n'avez absolument aucune idée de l'endroit où vous vous situez sur cette carte… **COMMENT SAVOIR ALORS DANS QUELLE DIRECTION PARTIR ?**

Dans le domaine des finances personnelles, la majorité des personnes sont dans cette situation. Ils ont une vague idée de leur situation financière, mais ne disposent d'aucun indicateur pour déterminer si elle s'améliore où se dégrade. Ils vivent dans le flou et l'accès facile aux crédits à la consommation leur donne l'impression que tout va bien même quand ce n'est pas le cas.

Il y a quantité de bonnes raisons pour faire l'effort de savoir où vous en êtes :

- Avoir une vision globale de vos points forts et vos points faibles.
- Dégager les informations nécessaires pour établir un budget qui tienne la route.
- Faire une photo de votre situation de départ (vous savez, comme la photo qu'on prend avant de commencer une remise en forme). Au fil de temps, cette photo deviendra votre source de motivation : elle vous permettra de visualiser vos progrès.

L'exercice **DU CALCUL DE LA VALEUR NETTE** est un des premiers exercices que j'invite à faire pour les personnes qui souhaitent reprendre en main leurs finances.

Son principe est très simple. Il s'agit de calculer combien d'argent il vous resterait si, demain, vous liquidiez (vendez) tout ce qui vous appartient (exception faite de votre conjoint et de vos enfants ;-)), puis que vous remboursiez toutes vos dettes.

Aurez-vous la mauvaise surprise de découvrir que vos dettes (passifs) sont supérieures à tout l'argent que vous avez réussi à réunir (actifs) ? Combien de temps pourriez-vous survivre avec cet argent sans travailler (théoriquement, bien sûr) ?

C'est justement ça, le calcul de sa valeur nette. C'est un de concepts les plus fondamentaux dans le domaine des finances personnelles. **MÊME S'IL S'AGIT D'UN INDICATEUR PUREMENT THÉORIQUE, IL REFLÈTE À MERVEILLE VOTRE SANTÉ FINANCIÈRE.** Il permet d'ouvrir les yeux et d'apporter de l'objectivité dans notre perception de la richesse.

Actifs (ce que vous possédez) - Passifs (ce que vous devez) = Valeur nette

BEAUCOUP DE PERSONNES COMMETTENT L'ERREUR DE CONFONDRE REVENUS ET RICHESSES. Si on gagne beaucoup d'argent, mais que notre épargne est proche de zéro et que, en plus, on a beaucoup de crédits, la vérité est cruelle : on est pauvre (financièrement parlant, bien sûr). On vit au jour le jour et, au moindre pépin financier, on n'a aucun filet de sécurité.

CAS CONCRET

On peut très bien rouler avec une belle voiture, habiter une super baraque et avoir une valeur nette négative.
Si tous ces biens ont été acquis à crédit et que leur valeur actuelle ne permet pas de rembourser ses dettes, malgré les apparences, on n'est pas riche. On est tout simplement endetté.

Il est normal, pour un jeune actif qui démarre sa vie active, de découvrir que sa valeur nette est négative. D'autant plus s'il a dû contracter un crédit pour sa scolarité ou sa première voiture. En revanche, sauf accident de la vie, une personne qui conserve scrupuleusement un niveau de dépense inférieur à ses revenus verra sa valeur nette progresser régulièrement tout au long de sa vie.

LA VALEUR NETTE EST ÉGALEMENT UN INDICATEUR QUI PERMET DE MESURER SES PROGRÈS. Calculer sa valeur nette au départ, puis l'actualiser régulièrement (une fois par an par exemple) est extrêmement motivant et permet de garder une certaine discipline dans ses choix financiers. Grâce à elle, on peut savoir si nos choix financiers, notre façon de consommer, la décision de contracter un crédit font augmenter ou baisser notre valeur nette.

Effectuer ce travail a été pour moi une véritable découverte, bien que mon premier résultat ait été assez décevant (beaucoup trop de dettes et très peu d'épargne). Néanmoins, cela a constitué un **DÉCLIC SUFFISANT** pour que j'établisse un plan de désendettement et que je prenne des mesures destinées à faire progresser rapidement ma valeur nette.

- 31 -

CE QUE VOUS POSSÉDEZ (vos actifs)

Le calcul de **LA VALEUR NETTE COMMENCE PAR LES ACTIFS.** Vous devez lister tout ce que vous possédez qui a une valeur significative : bien immobiliers, voitures, économies, investissements, épargne salariale, argent liquide ou celui déposé sur vos livrets bancaires et les biens de valeur (n'oubliez pas vos colliers de diamants…).

Maintenant, il faut estimer la valeur de chaque bien, c'est-à-dire la somme que vous pourriez obtenir si vous les vendiez aujourd'hui. Attention : le prix d'achat ne compte pas, seulement la valeur de l'objet à ce jour. Il n'est pas toujours simple d'estimer la valeur d'un bien, surtout si on lui associe une valeur sentimentale.

VOUS ET VOS ACTIFS

Remplissez en toute honnêteté le tableau ci-dessous :

Vos actifs	Valeur estimée
	....................................€
	....................................€
	....................................€
	....................................€
	....................................€
	....................................€
	....................................€
	....................................€
	....................................€
	....................................€
	....................................€
	....................................€
	....................................€
	....................................€
Total de vos actifs	....................................€

- 32 -

CE QUE VOUS DEVEZ (vos passifs)

Il est temps de commencer à collecter les informations sur vos passifs, **C'EST-À-DIRE VOS DETTES** (y compris les prêts que vous avez fait auprès de votre famille ou les factures impayés). L'idée est de noter tout ce que vous devrez payer tôt ou tard.

VOUS ET VOS PASSIFS

Vos passifs	Valeur estimée
	....................................€
	....................................€
	....................................€
	....................................€
	....................................€
	....................................€
	....................................€
	....................................€
	....................................€
	....................................€
	....................................€
	....................................€
	....................................€
	....................................€
Total de vos passifs	....................................€

- 33 -

VOTRE VALEUR NETTE, pour savoir à quel point vous êtes riche (ou pas)

Vous avez désormais tous les éléments pour calculer votre valeur nette. Il n'y a rien de plus simple : **IL S'AGIT DE SOUSTRAIRE LA VALEUR DE VOS PASSIFS DE CELLE DE VOS ACTIFS.**

Votre valeur nette est, en quelque sorte, une photo de votre richesse. Elle vous permet d'avoir à votre disposition un indicateur objectif de votre situation financière.

Si vous n'êtes pas satisfait de ce chiffre, cela veut dire que quelque chose ne fonctionne pas dans la manière d'utiliser l'argent que vous gagnez.

Si la valeur est négative, cela doit vous envoyer un signal fort : votre endettement est trop important par rapport à l'épargne et aux biens que vous possédez.

VOTRE VALEUR NETTE

Total de vos actifs ....€

-

Total de vos passifs ....€

=

................................€

Vous êtes...

- ☐ Agréablement surpris(e)
- ☐ Satisfait(e)
- ☐ Insatisfait(e)

Quelles mesures comptez-vous prendre pour faire évoluer cette situation ?

- 34 -

OÙ VA CONCRÈTEMENT *votre argent ?*

Maintenant que vous connaissez votre point de départ grâce au calcul de votre valeur nette, il est temps de commencer à contrôler vos finances. Pour cela, **NOUS ALLONS ESSAYER DE COMPRENDRE OÙ VA VOTRE ARGENT EN RÉALISANT UN BUDGET.**

J'espère avoir déjà chassé tous les doutes et toutes les envies de fuir que vous pouviez avoir spontanément à la lecture de ce mot. En suivant la méthode d'établissement d'un budget classique, nous allons essayer de comprendre comment vous utilisez votre argent actuellement.

Un budget n'a rien de compliqué à faire. C'est plutôt vivre sans budget qui peut vite s'avérer compliqué !

Pour commencer, **IL EST NÉCESSAIRE DE FAIRE LE POINT SUR VOS RESSOURCES DISPONIBLES**. Généralement, c'est la partie la plus simple, surtout si vous êtes salarié et avez un revenu fixe. Les éléments annexes comme les allocations familiales et sociales, les pensions alimentaires et les primes sont bien évidemment à prendre en compte pour déterminer vos ressources disponibles.

L'astuce

Trouver le montant de vos ressources disponibles peut s'avérer plus complexe en cas de revenus qui fluctuent d'un mois sur l'autre. Dans ce cas là, partez d'un revenu moyen sur les six ou douze derniers mois. Si vous êtes un travailleur indépendant, prenez en compte le revenu net que vous vous versez après la déduction de toutes les dépenses professionnelles et charges sociales, et non le chiffre d'affaires de votre entreprise.

#RICHECOMMECRÉSUS : QUELLES SONT VOS RESSOURCES ?

Dans le tableau ci-dessous, consignez toutes vos ressources :

Ressources	Montant	Commentaires

Total : ....

Notez en commentaire s'il s'agit d'un revenu fixe ou variable, ainsi que toute information qui peut avoir de l'importance (comme la date de versement de certaines primes).

Vous savez désormais de quelle somme d'argent vous disposez pour le mois. **NOUS ALLONS MAINTENANT DÉTERMINER À COMBIEN S'ÉLÈVENT VOS DÉPENSES FIXES,** c'est-à-dire tout ce qui est prélévé sur votre compte bancaire ou que vous payez par virement manuel ou chèque chaque mois (par exemple, le loyer, les assurances, l'électricité, le gaz, les frais bancaires, la mutuelle, la cantine, Internet et la téléphonie, les abonnements, les impôts). Nous laissons volontairement de côté vos dettes pour le moment.

Sers-toi de tes relevés de comptes du mois passé pour ne rien oublier.

L'astuce

Vous recevez votre salaire le 5 et certains de vos prélèvements sont réalisés après le 20 du mois ? Rapprochez les dates de vos prélèvements de la date de versement de votre salaire. Cela vous évitera les tentations de vouloir dépenser l'argent qui est encore sur votre compte avant les prélèvements… et d'avoir des prélèvements rejetés pour solde insuffisant.

DÉPENSES FIXES : FAITES LE POINT !

Notez toutes vos dépenses fixes dans le tableau ci-dessous.

Dépenses fixes	Montant	Date de réglement	Compte bancaire

Total : ....

Êtes-vous surpris(e) de voir le montant total nécessaire pour couvrir vos dépenses fixes et la part qu'il représente par rapport à vos revenus ?

....

....

IL EST TEMPS À PRÉSENT D'ÉVALUER L'ÉTAT DE VOTRE ENDETTEMENT EN IDENTIFIANT PRÉCISÉMENT TOUTES VOS DETTES. En plus de vos crédits immobiliers et à la consommation, n'oubliez pas les paiements en 3, 6 ou 10 fois sans frais, les chèques que vous avez faits à l'avance, les prêts consentis pas la famille ou les amis, et bien évidemment le découvert. Je vous invite à collecter les informations complémentaires comme le taux de votre crédit, la somme totale à rembourser et la date de fin prévue.

À COMBIEN S'ÉLÈVENT VOS DETTES ET VOTRE RESTE À VIVRE ?

Dans le tableau ci-dessous, faites la liste de vos dettes.

Désignation	Mensualité	Taux	Restant à rembourser	Date de fin estimé

Total : ....

Quel pourcentage de votre revenu représentent les remboursements de vos crédits ?

______ € / ______ € x 100 = ______ %

Vos mensualités — *Vos revenus* — *Votre taux d'endettement*

Vous vous attendiez à ce chiffre ?

______

______

Avant d'aller plus loin, vous pouvez déjà calculer combien d'argent il vous reste, une fois que vous avez payé vos crédits et vos dépenses fixes :

______ € - ______ € - ______ €

revenus — *crédits* — *Dépenses fixes*

= [______] €

Qu'en pensez-vous ?

______

______

La somme que vous avez calculée à la page précédente correspond à ce qui vous reste pour couvrir les deux derniers éléments qui font partie du budget : les dépenses variables et l'épargne.

C'EST DANS LES DÉPENSES VARIABLES QUE SE SITUE LE NERF DE LA GUERRE. Autant les dépenses fixes et les crédits « sortent » la plupart de temps en automatique de votre compte que vous le veuilliez ou non, autant, ici, vous êtes décisionnaire de la dépense : courses, repas pris à l'extérieur, shopping, petits achats *a priori* insignifiants sur internet… ce sont les bêtes noires de nos budgets. De plus, dans un budget prévisionnel, c'est la partie qui est la plus difficile à estimer.

Il est fort possible, si vous ne vous êtes jamais penché sur le sujet, que vous ne sachiez pas combien vous dépensez en nourriture chaque mois. Pire, vous allez probablement sous-estimer ce montant. Il vous suffira néanmoins d'un seul mois au cours duquel vous noterez vos dépenses par catégorie pour vous mettre les idées au clair. Il sera intéressant de revenir sur cette page, dans un mois ou deux, pour savoir à quel point vous vous étiez trompé dans vos prévisions…

DÉPENSES VARIABLES : FAITES LE POINT !

Notez dans le tableau ci-dessous toutes vos dépenses variables estimées chaque mois.

Pour les différentes catégories, vous pouvez avoir, par exemple : « alimentation », « transport », « carburant », « beauté/soins », « habillement », « restaurants/bars », « achats plaisir/loisirs », « cadeaux », « santé/pharmacie », « animaux »...

Catégorie	Montant estimé

À présent, refaites le calcul de ce qui vous reste une fois les dépenses variables soustraites :

.... € - .... € - .... € - .... €
Revenus — Crédits — Dépenses fixes — Dépenses variables

= .... €

Nous arrivons à la dernière étape de nos calculs budgétaires : **VOTRE ÉPARGNE.** Si vous avez déjà une bonne habitude d'épargner chaque mois une partie de vos revenus, il est temps de noter l'argent que vous mettez de côté dans le tableau ci-contre.

L'astuce

Il est essentiel de considérer votre épargne comme faisant partie intégrante de votre budget. Si vous ne le faites pas, vous risquez à coup sûr... de ne jamais épargner.

ÉPARGNE : VOUS EN ÊTES OÙ ?

Notez dans ce tableau les sommes que vous épargnez chaque mois.

Désignation	Montant épargné chaque mois

Place au calcul final !

Vous avez en main toutes les données pour savoir si l'utilisation de l'argent que vous faites actuellement est équilibrée :

.... € - .... € - .... € - .... € - .... €

Revenus — Crédits — Dépenses fixes — Dépenses variables — Épargne

= [   ] €

Vous êtes à présent arrivé au bout de la démarche…

SI LE RÉSULTAT DU CALCUL DE LA PAGE PRÉCÉDENTE EST NÉGATIF, LE VERDICT EST SANS APPEL : VOUS VIVEZ AU-DESSUS DE VOS MOYENS, car vos ressources ne sont pas en mesure de couvrir vos dépenses. C'est une situation qui peut bien évidemment arriver de temps en temps, en cas de baisse de revenus ou d'accident de la vie. Mais vous devez réagir vite, au risque de tomber dans un endettement important et d'avoir de graves problèmes avec les institutions bancaires. Une optimisation complète de votre budget est nécessaire pour supprimer ou diminuer au maximum les différents postes de dépenses.

Il se peut que la cause de cette situation ne se situe pas dans des dépenses hors de contrôle, mais dans le fait que vos revenus sont insuffisants pour couvrir vos besoins les plus essentiels. Rapprochez-vous des associations et des organismes qui peuvent vous accompagner pour obtenir de l'aide financière. Des solutions existent !

SI VOTRE TABLEAU D'ÉPARGNE EST VIDE ET SI LE RÉSULTAT DE CE CALCUL EST PROCHE DE ZÉRO, VOTRE SITUATION FINANCIÈRE RESTE FRAGILE. Vous êtes comme un tuyau, qui recrache tout l'argent qu'il reçoit. Vous vivez en sautant d'un salaire à l'autre, et il vous arrive probablement d'avoir des fins de mois difficiles. Vous n'arrivez pas à mettre de l'argent de côté, ce qui augmente votre insécurité. Vous allez devoir travailler à l'optimisation de vos dépenses pour pouvoir dégager une somme d'argent à épargner, mais également chercher le moyen d'augmenter vos revenus.

Si cet exercice vous a fait découvrir que vous disposez d'un montant positif tout à fait satisfaisant que vous pourriez en théorie épargner… mais que ce n'est pas le cas, alors laissez-moi vous dire que votre absence de gestion budgétaire vous fait dépenser l'argent que vous avez la capacité d'épargner.

Maintenant que tu connais tes points faibles, tu es capable d'établir un plan d'action !

L'exercice que vous venez de réaliser est très puissant. Il vous sort du flou qui entoure vos dépenses. Vous êtes désormais en mesure de dire objectivement pourquoi vous avez ce sentiment que l'argent vous glisse entre les doigts. Trop de dettes ? Des dépenses fixes non optimisées ? Trop de petites dépenses non maîtrisées ?

- 35 -

IL EST TEMPS DE DÉFINIR PRÉCISÉMENT *vos objectifs*

Vous le savez très bien : **L'ARGENT EST UNE RESSOURCE LIMITÉE.** Cela a comme conséquence la nécessité de faire constamment des choix en matière de dépenses. Acheter quelque chose, c'est souvent renoncer à quelque chose d'autre.

« Ne me dites pas quelles sont vos priorités. Montrez-moi où vous dépensez votre argent et je vous le dirai. » James Frick (qui porte bien son nom !)

Si on ne se pose pas à un moment donné, si on ne se demande jamais « quelles sont les choses importantes pour moi, quelles sont mes priorités », on prend le risque que notre argent parte dans des achats plaisir instantanés, sans qu'on s'en rende réellement compte.

LE SAVIEZ-VOUS ?

Ne sous-estimez pas le pouvoir de l'écriture sur papier... Plusieurs études montrent que nous avons 42 % plus de chances d'atteindre nos objectifs lorsque nous les écrivons.

Comment faire alors pour décider où diriger son argent en priorité ? Papier, stylo, un dimanche après-midi au calme, un bon thé ou une bière, et on y va.

Avant que vous vous lanciez, j'ai cinq conseils à vous donner en ce qui concerne les objectifs financiers.

- **PREMIER CONSEIL :** avant de noter vos souhaits profonds qui nécessitent un financement qu'on classerait dans les catégories plaisir, bien-être, développement de soi, investissement, je crois qu'**IL EST IMPORTANT DE RÉPERTORIER D'ABORD LES OBJECTIFS FINANCIERS QUI S'IMPOSENT À VOUS DU FAIT DE VOTRE SITUATION FINANCIÈRE ACTUELLE.**

Si au cours des calculs précédents, vous avez compris que votre valeur nette était négative, que vous n'aviez pas de fonds d'urgence pour affronter les imprévus, que vous aviez des crédits avec des taux d'intérêt astronomiques ou que les mensualités de vos crédits consommaient plus de 30 % de vos revenus : il est probablement important que vos objectifs à court terme tournent autour de ces problématiques.
C'est uniquement quand vous les aurez traité, quand votre situation financière deviendra stable que vous pourrez passer aux objectifs en lien avec les investissements ou les plaisirs.

Il est intéressant de classer chaque dépense selon les critères de l'importance et de l'urgence, comme à la page suivante.

- Est urgent ce qui comporte un risque si on ne le traite pas immédiatement.
- Est important ce qui contribue directement à améliorer notre situation financière où les événements qui s'imposent à nous.

Constituer un fonds de précaution

Partir en voyage

Changer de voiture

Rembourser mes dettes

IMPORTANT ET URGENT	NON IMPORTANT ET URGENT
NON IMPORTANT ET NON URGENT	IMPORTANT ET NON URGENT

Changer de job

Constituer un fonds d'urgence

- **DEUXIÈME CONSEIL : FIXEZ VOS OBJECTIFS D'UNE MANIÈRE MESURABLE ET PRÉCISE.** Pourquoi ? Imaginez que votre objectif est de gagner plus d'argent et que vous ne mettiez pas en face de chiffre précis. Si lors de votre prochaine déclaration d'impôt, vous constatez que vous avez gagné 500 € de plus que l'année précédente, vous pourrez objectivement considérer que votre objectif est atteint… alors que ce n'était pas vraiment ça que vous aviez en tête quand vous avez dit vouloir gagner plus. Soyez précis !

Quelques exemples d'objectifs précis :

- *Constituer un fonds d'urgence de 1 000 € en épargnant chaque mois 100 €.*
- *Rembourser plus vite mon crédit à la consommation en effectuant des remboursements anticipés de 80 € en plus de chaque mensualité.*
- *Économiser 600 € pour acheter dans huit mois un nouvel ordinateur en épargnant la totalité de mes heures supplémentaires réalisées.*
- *Réduire l'enveloppe course de 100 € par mois en diminuant la part des plats préparés dans mon panier.*

- **TROISIÈME CONSEIL : FIXEZ UN DÉLAI POUR CHAQUE OBJECTIF FINANCIER.** En plus d'être mesurable, un objectif doit comporter un calendrier avec une date butoir.

- **QUATRIÈME CONSEIL : SOYEZ RÉALISTE ET TENEZ COMPTE DE VOTRE SITUATION FINANCIÈRE ACTUELLE, SINON, C'EST L'ÉCHEC ASSURÉ.** Si vous gagnez 30 000 € par an, vous aurez probablement du mal à mettre de côté 50 000 € d'ici deux ans. Comme pour vos dépenses, vos objectifs doivent être définis selon vos moyens.

- **CINQUIÈME CONSEIL : DÉCOMPOSEZ VOS OBJECTIFS EN ÉTAPES INTERMÉDIAIRES.** On perd souvent la motivation pour épargner parce que les objectifs financiers semblent trop intimidants ou difficiles à atteindre. S'ils sont réalistes, en revanche, rien n'est impossible. C'est pourquoi décomposer votre objectif en plus petits peut vous aider à rester motivé.

LA PLAYLIST DE LA PETITE BUDGETEUSE

Rien de mieux qu'une bonne chanson pour se booster tout au long de son parcours – tout grand champion vous le dira. En voici quelques-unes à écouter sans modération !

Money Money Money, Abba
Baby, You're a Rich Man, The Beatles
I Need a Dollar, Aloe Blacc
Billionaire, Travie McCoy (Feat. Bruno Mars)
Money, Pink Floyd
Money on My Mind, Sam Smith
Rich Girl, Gwen Stefani

VOS OBJECTIFS À COURT TERME (À RÉALISER DANS L'ANNÉE)

Projet	Montant estimé	Échéance

VOS OBJECTIFS À MOYEN TERME (À RÉALISER SOUS 3 À 5 ANS)

Projet	Montant estimé	Échéance

VOS OBJECTIFS À LONG TERME (À RÉALISER SOUS 5 À 20 ANS)

Projet	Montant estimé	Échéance

Projet	Montant estimé	Échéance

- 36 -

OBJECTIF DE OUF : ÉCONOMISEZ plus de 1 000 € par an

en vous attaquant à vos dépenses fixes !

Quand on décide de faire un budget, **ON COMMENCE PAR LISTER LES DÉPENSES FIXES.** C'est le plus simple, il suffit de prendre un relevé bancaire et de noter toutes les choses qui sont réglées par prélèvements. Ces dépenses sont un peu spéciales : parce qu'elles font justement l'objet d'un prélèvement automatique sur notre compte, on considère à tort qu'il s'agit de choses qu'on n'a pas le choix de payer ou non. On s'habitue à elles et on n'y pense plus.

Et pourtant, **NOS DÉPENSES FIXES REGORGENT DE SOURCES D'ÉCONOMIES CONSIDÉRABLES** qui peuvent facilement atteindre 1 000 € par an ! Une belle somme qui pourra être disponible pour autre chose que payer les factures !

Vous voulez savoir ce que j'ai fait ?

- En changeant de fournisseur Internet/portable, je suis passée de 84 € à 30 €, soit 54 € d'économies par mois.

- J'ai supprimé une extension de garantie pour ma voiture, qui était caduque depuis que mon véhicule avait dépassé les 200 000 km : 40 € qui restent dans ma poche chaque mois.

- Après 10 ans chez mon assureur, j'ai décidé d'aller voir ailleurs pour mon assurance habitation et automobile : j'ai réduit la facture de 30 € par mois (pour les mêmes garanties).

- J'ai supprimé mon abonnement Amazon Prime : 4 € par mois.

Résultat ? Attention les yeux... 54 € + 40 € + 30 € + 4 € = 128 € par mois, donc 1 536 € pour un an !

Le dicton « il n'y a pas de petites économies » prend ici tout son sens, n'est-ce pas ?

À VOUS DE JOUER EN REGARDANT DE PRÈS LES CATÉGORIES SUIVANTES :

- assurances et mutuelles ;
- frais bancaires ;
- abonnement Internet et portable ;
- différents abonnements (sport, télé, services)…

Le travail consiste d'abord à se demander, pour chacune de ces dépenses, si elles ont réellement une UTILITÉ. En ce qui concerne les assurances, des changements dans votre vie, peuvent les rendre obsolètes (comme une assurance perte d'emploi alors qu'on est devenu indépendant ou une assurance décès alors que nos enfants sont majeurs…). Et puis, il est habituel de découvrir qu'on paie deux assurances pour la même chose (assistance ou protection juridique).

UN POINT ANNUEL SUR NOS BESOINS S'IMPOSE POUR ÉVITER DE PAYER POUR RIEN !

Faire jouer la concurrence n'est pas un péché ! Plusieurs comparateurs sont disponibles sur Internet pour vous donner une idée du prix que vous pourriez obtenir en changeant le fournisseur/assureur. Mais vous n'êtes pas obligé non plus de quitter votre prestataire actuel si celui-ci vous donne satisfaction. Dans ce cas là, faites-lui savoir que votre fidélité mérite une récompense ! La plupart de temps, surtout si votre contrat est arrivé à terme, vous obtiendrez une réduction sans grande difficulté ! En raccrochant votre téléphone, vous vous direz : il suffisait de demander…

Compare, négocie, fais jouer la concurrence… et utilise la somme ainsi économisée pour concrétiser les projets qui te tiennent à coeur !

L'astuce

Pensez à virer vers votre épargne la somme équivalente aux économies sur les dépenses fixes que vous avez réussi à faire. De cette manière, vous verrez réellement le fruit de vos efforts en économisant sans vous en rendre compte.

#JOINDRELESDEUXBOUTS :

Sur quelles dépenses fixes pourriez-vous rogner ?

Faites le point sur vos assurances : que pourriez-vous économiser sur ce poste ?

Du côté de vos frais bancaires, que pourriez-vous économiser ?

Dans la jungle de vos engagements internet et de téléphonie, certains contrats peuvent-il être renégociés ?

Plus largement, tous vos abonnements sont-ils indispensables ? Pourriez-vous les revoir à la baisse ?

- [ ] Ai-je vraiment besoin de tous ces abonnements à netflix et *tutti quanti* ?
- [ ] Pour mon abonnement téléphone, si je me penchais enfin sur ce que veut dire réellement « forfait à prix cassé » ?
- [ ] Et si, à la salle de sport, je laissais tombé le supplément massage-sauna ?

Identifiez d'autres postes de dépenses fixes sur lesquels vous pourriez économiser ?

- [ ] Autres :

- 37 -

DOMPTEZ LES DÉPENSES *exceptionnelles*

(ces redoutables fauves prêts à vous dévorer)

Grrrr ! Les dépenses exceptionnelles et irrégulières sont souvent notre bête noire en matière de gestion budgétaire. Et pour cause : **ELLES NÉCESSITENT UNE BONNE DOSE D'ANTICIPATION.**

Vous avez peut-être vécu ce scénario : après quelques mois de budgétisation, on commence à retrouver un certain sentiment de contrôle sur son argent, on maîtrise ses dépenses et on sait enfin exactement combien on dépense dans chaque domaine. Le fonds d'urgence est en cours de finalisation et tout à coup… BAAMM ! ce sentiment de réussite s'évapore avec l'arrivée d'une facture pour les charges de copropriété qu'on avait complètement oubliées (et, qui de plus est, plus élevée qui d'habitude)… On pioche alors dans son fonds d'urgence fraîchement constitué, avec ce désagréable sentiment de devoir tout recommencer au début.

Oublier ce genre de dépenses est une erreur classique (il n'y a pas si longtemps, je me suis laissée surprendre par la facture du comptable, que je reçois pourtant une fois par an). Heureusement, plus on pratique la budgétisation, moins on a de surprises. N'oubliez pas que vous êtes en train de faire votre éducation financière. Petit à petit, avec un peu de volonté et d'organisation, on peut facilement anticiper ces dépenses qu'on considère à tort comme imprévues.

Les anniversaires des enfants tombent chaque année à la même date, Noël est en décembre, la rentrée en septembre, les impôts fonciers en octobre, la révision habituelle de la voiture est à faire une ou deux fois par an… Si on se laisse surprendre par ces dépenses, c'est qu'il manque dans notre budget une chose essentielle : **DES FONDS D'AMORTISSEMENT POUR LES ANTICIPER** (une épargne régulière qui servira à payer une future dépense).

IL EST NÉCESSAIRE DE RÉPERTORIER TOUTES LES DÉPENSES IRRÉGULIÈRES SUR UN CALENDRIER ANNUEL, car même si elles n'ont pas une périodicité mensuelle, ces dépenses s'apparentent plus à des dépenses fixes qu'à des imprévus (par exemple, pour payer une facture annuelle de 400 €, il faut mettre de côté 33 € tous les mois).

Faire la liste de dépenses non récurrentes pour la première fois n'est **PAS FORCÉMENT TRÈS AGRÉABLE.** Un fois qu'on calcule le montant mensuel qu'il faut épargner pour elles, on peut constater que cela ne rentre pas dans le budget et que les revenus n'arrivent pas à tout couvrir. Mais on est là face à la vérité qui montre de combien d'argent on a réellement besoin pour maintenir notre niveau de vie.

Attention !
Si faire ce constat vous donne envie d'abandonner la budgétisation, sachez que le fait d'ignorer les dépenses exceptionnelles ne les fera pas disparaître. Vous allez devoir les affronter à un moment ou à un autre, et ce ne sera pas une partie de plaisir.

« ALLEZ, JUSTE POUR CETTE FOIS... » : MAÎTRISEZ-VOUS VOS DÉPENSES EXCEPTIONNELLES ?

Faites la liste de vos dépenses exceptionnelles annuelles en utilisant le tableau ci-dessous.

Description	Somme	Date	Épargne mensuelle à prévoir

Maintenant que vous avez une vision d'ensemble de ces dépenses, pensez-vous être en mesure de les assumer compte tenu de vos revenus ?

- ☐ Oui, tout roule pour moi !
- ☐ Toujours pas, je pense que je vais freiner un tout petit peu...

- 38 -

MA BOTTE SECRÈTE : *la méthode des enveloppes avec des espèces*

Je vous ai déjà parlé du pouvoir de l'argent liquide : il est temps de l'intégrer dans votre organisation *via* le système des enveloppes. C'est une méthode plutôt **SIMPLE** à mettre en œuvre. La seule véritable difficulté consiste à trouver le bon montant pour chaque enveloppe. Et pour cause : il n'y a pas de montants types, car tout dépend de la composition de votre famille, de vos habitudes de consommation… et bien évidemment de vos revenus.
Vous pouvez organiser votre méthode d'enveloppes à **LA SEMAINE OU AU MOIS** selon ce qui vous convient au mieux.

Pour commencer, **NOTEZ LES CATÉGORIES** pour lesquelles vous pensez que ce système peut vous aider. Ciblez les dépenses pour lesquelles vous avez l'habitude de dépasser votre budget. Certaines catégories peuvent ne figurer dans votre budget que de temps en temps, selon les besoins du moment.

Exemples de catégories le plus fréquemment utilisés dans la méthode des enveloppes :

- Alimentation
- Achats plaisir
- Achats beauté
- Restaurants
- Sorties
- Activités
- Animaux

Maintenant, **ESSAYEZ DE FIXER UN MONTANT À NE PAS DÉPASSER POUR CHACUNE DE CES CATÉGORIES.** Bien évidemment, ce montant doit être fixé en fonction de vos ressources, de sorte que vos dépenses ne soient pas plus importantes que vos revenus. Aidez-vous de vos relevés de comptes des mois précédents pour savoir combien vous avez réellement l'habitude de dépenses dans ces catégories.

Il ne vous reste plus qu'à aller retirer l'argent nécessaire, à le répartir dans les enveloppes et… **À METTRE EN PLACE UN SUIVI DES DÉPENSES DE CHAQUE CATÉGORIE** pour savoir où vous en êtes.

L'astuce

Je vous conseille d'avoir toujours une enveloppe « divers/imprévus », car il y a toujours des dépenses qu'on ne sait comment catégoriser (un PV de stationnement…), et il est judicieux d'avoir une petite marge pour pouvoir absorber ces imprévus. Cette enveloppe peut aussi vous permettre de couvrir un dépassement dans une autre catégorie (mais il ne faut pas que cela devienne une habitude !).

Ne vous inquiétez pas si, le premier mois, vous avez mis soit trop, soit pas assez dans vos enveloppes. **C'EST UN PROCESSUS D'APPRENTISSAGE,** et il est normal de mal prévoir au départ. Au bout de deux ou (au maximum) trois mois, vous saurez exactement combien vous devez mettre dans chaque enveloppe pour que cela corresponde à vos besoins.

Il est fort possible aussi que vous vous retrouviez avec de l'argent non dépensé à la fin du mois. Je vous conseille d'ÉPARGNER CET ARGENT pour un projet bien particulier que vous allez choisir et qui vous tient à cœur. Cela vous aidera d'autant plus à faire attention à vos dépenses ! Si vous êtes dans une démarche de désendettement, vous pouvez aussi choisir d'utiliser cet argent pour rembourser plus rapidement vos dettes.

Si vous êtes un peu manuel, faire vos enveloppes peut être très amusant : VOUS POUVEZ LES FABRIQUER VOUS-MÊME (Internet regorge de modèles en tous genres). Pour une version plus durable, vous pouvez même les plastifier et utiliser de petites fiches à insérer dedans pour noter vos dépenses.
Rendez-vous en p.216-217 pour la minute DIY !

Reste ensuite à trouver un agenda de petite taille pour y glisser vos enveloppes. Mais faites quand même attention : **NE SORTEZ JAMAIS AVEC TOUTES VOS ENVELOPPES EN MÊME TEMPS.** Soyez prudent et ne prenez que celles que vous utiliserez.

On récapitule, voici les étapes pour mettre en place le système d'enveloppes avec les espèces :

- créez un budget ;
- décidez pour quelles catégories de dépenses vous voulez utiliser les espèces ;
- fixez des limites à ne pas dépasser ;
- retirez de l'argent liquide et remplissez vos enveloppes ;
- dépensez l'argent de chaque enveloppe pour un achat en lien avec sa catégorie ;
- épargnez l'argent restant dans les enveloppes à la fin du mois.

- 39 -

C'EST BIEN AUSSI : *la méthode des enveloppes sans espèces*

Même si je trouve que payer en espèces est le meilleur moyen pour reprendre le contrôle sur son argent, la bonne nouvelle est que l'on n'est pas obligé d'utiliser des enveloppes en papier avec du cash. Certains ne sont pas à l'aise avec l'argent liquide et il peut même arriver que son utilisation soit à proscrire (comme pendant la crise sanitaire, pour limiter les contacts, les échanges de pièces et de billets n'étaient pas conseillés).

LA MÉTHODE PEUT TOUT À FAIT FONCTIONNER EN TRANSFORMANT VOS ENVELOPPES À CASH EN ENVELOPPES VIRTUELLES. Le principe reste le même : une fois votre budget établi, vous devez décider quelles catégories vous souhaitez utiliser pour la méthode des enveloppes.

Tout ce qu'il vous faut pour utiliser cette méthode, c'est un support vous permettant d'écrire vos dépenses au fur et à mesure, et de noter le solde restant dans chaque catégorie.

Pour votre suivi, vous avez le choix du support :

- un cahier de notes ou un agenda budgétaire ;
- des petites fiches (téléchargeables gratuitement sur mon site) qui peuvent rejoindre votre agenda à anneau taille A5 ou A6 ;
- l'application « notes » de votre téléphone ;
- un tableur du type d'Excel.

J'ai l'habitude de pratiquer la méthode des enveloppes virtuelles pour les dépenses liées au carburant. Il est compliqué pour moi de trouver des stations d'essence qui acceptent l'argent liquide, donc je paie par carte bancaire pour cette catégorie. **MA FAÇON DE FAIRE EST LA SUIVANTE :**

- J'alloue à cette catégorie X € par mois.
- Une fois mon budget établi, je vire cette somme sur un compte d'épargne.
- Après chaque plein payé avec ma carte, je réalise le virement dans l'autre sens pour le même montant.

L'AVANTAGE ? Cet argent est mis de côté sur un compte identifié, ce qui me garantit de ne jamais en manquer pour le carburant. Et ainsi, cet argent ne reste pas sur mon compte courant, ce qui risquerait de me donner le sentiment « d'avoir de l'argent ».

POUR MON SUIVI, JE ME SERS DES PETITES FICHES NOMMÉES « TRACKERS SUIVI DÉPENSES CB ». Elles jouent le rôle des enveloppes ordinaires, à la seule différence qu'elles ne contiennent pas d'argent liquide. Donc, au lieu de manipuler des enveloppes, on s'équipe de fiches de suivi. Marquez sur chaque fiche la catégorie de dépenses et le montant budgété en haut. Ensuite, lorsque vous dépensez de l'argent, en fonction de la catégorie concernée, notez votre dépense sur la fiche. **IL EST VRAIMENT TRÈS IMPORTANT DE SUIVRE VOS DÉPENSES.** Vous devez noter chaque achat sur votre fiche, ainsi que le solde restant pour la catégorie. Sans cela, vous allez vite perdre le fil et risquer de dépasser votre budget.

Une fois que vous avez atteint votre limite de dépenses pour une catégorie, vous ne devez plus dépenser d'argent dans cette catégorie ! Tout comme avec l'argent liquide, **IL FAUT ÉVITER DE TOMBER DANS LE PIÈGE QUI CONSISTE À DÉPLACER DES FONDS D'UNE FICHE (ENVELOPPE) À UNE AUTRE** pour gérer les dépenses excessives.

Imprime et conserve tes fiches de suivi dans ton sac à main ou ton portefeuille, ou rajoute-les à ton agenda.

Si vous constatez que vous manquez d'argent dans une catégorie ou qu'il vous en reste dans d'autres, ce n'est pas grave, à condition que vous soyez débutant. Vous avez tout simplement mal estimé le montant ! Examinez votre budget et procédez aux **AJUSTEMENTS NÉCESSAIRES** pour les mois suivants.

L'astuce

Vous pouvez mettre la somme totale de vos enveloppes sur un compte épargne pour les isoler de votre compte courant (voire utiliser un autre compte courant pour vos enveloppes virtuelles). Si vous choisissez l'option compte épargne, pour chaque dépense, faites ensuite des virements vers votre compte courant de la somme correspondante.

SUIVI DÉPENSES CB

Catégorie : ____________________ Budget : ____________________

Description	Date	+ / -	Solde

- 40 -

SORTEZ DE LA SPIRALE INFERNALE *du découvert !*

N'as-tu jamais eu envie de pleurer lorsque ton salaire arrive et qu'une grosse partie disparaît pour couvrir les dépenses du mois précédent ?

Il n'y a rien de plus déprimant que de commencer le mois à découvert… Lorsqu'on est dans ce cas de figure, on a tendance à sombrer dans ce que j'appelle le « foutu pour foutu ». On se dit que la situation étant déjà une catastrophique, **ÇA NE SERT À RIEN D'ESSAYER DE LUTTER,** c'est trop tard. À quoi bon suivre ses dépenses, sachant que, de toute façon, on va encore finir dans le rouge ce mois-ci ?

Beaucoup de personnes ne savent pas comment faire face à leur découvert bancaire ni comment faire en sorte qu'il diminue chaque mois au lieu d'augmenter.

LA CLÉ CONSISTE À CHERCHER LA RAISON DE CETTE SITUATION. Elle peut être la conséquence d'un revenu insuffisant ou de l'absence d'un fonds d'urgence pour affronter une dépense imprévue. Mais il se peut aussi que votre découvert résulte d'une mauvaise gestion de votre budget (ou d'une absence de gestion).

Attention !

Si vous êtes à découvert tous les mois, ne commencez pas par chercher à gagner plus d'argent pour le renflouer, car ce n'est pas la solution. Un afflux d'argent résoudra, certes, votre problème sur un ou deux mois toul au plus, mais ça ne durera pas. Il est beaucoup plus urgent de mettre vos dépenses sous contrôle (et vous pourrez ensuite éventuellement penser à augmenter vos revenus).

COMMENCER PAR TRAITER VOTRE DÉCOUVERT COMME UN CRÉDIT ORDINAIRE, pour lequel vous allez établir un tableau d'amortissement de vos remboursements. Acceptez que vous n'arriviez pas à résoudre ce problème en un mois ou deux. Décomposez votre objectif en plusieurs **PETITES MENSUALITÉS** raisonnables que vous serez capable d'assumer chaque mois.

Objectif final : ramener le compteur à zéro.
Objectifs intermédiaires : réduire chaque mois le découvert de 150 €.

Notez la mensualité dans la partie dette de votre budget, pour l'isoler, et faites votre budget en enlevant ce montant de ce qui vous reste à dépenser. Si vous respectez votre budget, vous constaterez à la fin du mois que votre découvert aura diminué.

Cette façon de faire permet de **GARDER LA MOTIVATION SUR LA DURÉE.** Chez moi, éponger mon découvert m'a pris six mois, six mois pendant lesquels je continuais à terminer chaque mois avec un compte dans le rouge. Mais si j'arrivais à le réduire comme je l'avais prévu, j'étais satisfaite, car je visualisais la progression… et cela me donnait envie de continuer.

Vous l'avez compris : si vous ne faites pas de budget, si vous ne vous fixez pas de limites, si vous ne suivez pas vos dépenses, il vous sera difficile de sortir de votre découvert.

Dites-vous bien que, puisque vous n'avez probablement pas mis seulement un mois pour creuser votre découvert, **IL EST NORMAL QUE CELA PRENNE DU TEMPS POUR EN SORTIR.** Ne vous découragez pas si, d'après vos calculs, vous prévoyez qu'il vous faudra plusieurs mois pour obtenir un solde positif. Chaque mois où vous réussirez à réduire votre découvert sera un mois où vous aurez réussi ! Même si le zéro est encore loin. **D'OÙ L'IMPORTANCE DE DÉCOMPOSER VOTRE OBJECTIF EN PLUSIEURS SOUS-OBJECTIFS MENSUELS.**

L'astuce

Une fois arrivé à zéro, réduisez votre autorisation de découvert de moitié : on est nombreux à aller jusqu'au maximum de notre découvert juste parce qu'on en a le droit ! Pourtant, une fois le maximum atteint, on sait aussi très bien s'arrêter et se mettre au régime sec.

VIVRE À DÉCOUVERT : LE BILAN

À quelle fréquence êtes-vous à découvert en fin de mois ?

Quel est en général le montant de ce découvert ?

Essayez d'envisager cette somme comme un crédit à rembourser. Quelles mensualités pourriez-vous fixer dans ce but ? Sur quelle durée ?

Pour parvenir à les payer, sur quels postes de dépenses pourriez-vous rogner ?

- ☐ Je pense que je vais lever le pied sur les apéros après le boulot... Ou privilégier l'happy hour.
- ☐ Ai-je vraiment besoin de faire un crochet par ma boulangerie préférée tous les matins ?
- ☐ Autres :

ÉVITEZ LE DÉCOUVERT !

Envie de vous réconcilier avec l'argent ?
Voici des mini-défis à relever chaque mois pour vous enrichir :
vous verrez, plus vous économiserez, plus vous l'aimerez !

- [ ] Mois zéro dépense
- [ ] Week-end zéro dépenses
- [ ] Semaine zéro dépenses
- [ ] Rien de neuf ce mois-ci

– 41 –

DE LA DISCIPLINE AVANT TOUT : *épargnez avec méthode*

L'épargne n'est rien d'autre qu'une consommation différée. Par conséquent, **SI VOUS SOUHAITEZ ÉPARGNER EFFICACEMENT, VOUS DEVEZ SAVOIR TRÈS CLAIREMENT À QUOI CET ARGENT VOUS SERVIRA.** Il peut s'agir de l'éducation des enfants, de la retraite, d'un mariage, de vacances de rêve ou tout simplement d'un fonds de précaution pour vous mettre en sécurité.

Je suis une grande adepte du « saucissonnage » de l'épargne. **HORS DE QUESTION D'AVOIR UN SEUL COMPTE ÉPARGNE** où l'on ajoute ce qui nous reste à la fin de chaque mois, sans vraiment se poser la question de la raison exacte pour laquelle on le fait. Il est important de comprendre que votre épargne va servir plusieurs objectifs :

- *vous sécuriser (épargne d'urgence) ;*
- *anticiper les futures dépenses (fonds d'amortissement) ;*
- *augmenter vos revenus (fonds d'investissement).*

Cette façon d'économiser par objectif présente bien des avantages sur le plan psychologique. Si je prends l'engagement envers moi-même de mettre chaque mois 100 € pour offrir dans deux ans un voyage à ma famille, je sais exactement à quoi je renonce si je pioche dedans pour couvrir une escapade shopping improvisée. Si j'ai une enveloppe distincte ou un compte épargne précis sur lequel il est marqué « voyage famille », vous imaginez bien qu'il sera quand même plus difficile de virer une petite somme sur votre compte courant et d'accepter qu'acheter des fringues soit plus important qu'un voyage avec vos enfants.

Quand tu te fixes un objectif d'épargne d'une façon précise, tu te donnes l'opportunité d'être beaucoup plus attentif à ta façon d'épargner. Tu es plus enclin à faire ce qu'il faut pour y parvenir.

Pour rendre l'explication plus visuelle, disons que je n'ai pas un seul gros cochon rose dans lequel je glisse mes économies. J'en ai dix, mais petits.

Je vous conseille **DE DEMANDER À VOTRE BANQUE DE VOUS OUVRIR LE PLUS DE LIVRETS D'ÉPARGNE POSSIBLE.** C'est gratuit et vous pouvez en avoir facilement trois (entre livret A, LDD et livret sur compte). Certaines applications bancaires vous permettent de renommer vos comptes d'épargne en leur donnant le nom des projets pour lesquels vous économisez. Comme ça au lieu de voir « Livret A », vous allez voir « Fonds d'urgence » ou « Vacances en famille ». Les nouvelles banques en ligne donnent la possibilité de créer des coffres (ou « pockets ») pour loger l'épargne selon sa future destination. Pour les petites sommes, vous pouvez également épargner en espèces.

L'astuce

Si vous ne souhaitez pas avoir plusieurs comptes épargne, gardez-en un seul, mais faites votre suivi dans un carnet ou un fichier Excel.

Maintenant que vous avez bien différencié vos épargnes, il faut que leur alimentation soit la première chose que vous fassiez une fois votre salaire reçu. On a généralement tendance à mettre de l'argent de côté lorsque toutes les dépenses, même celles que l'on considère comme des achats plaisir, ont été faites. C'est une erreur classique que presque tout le monde commet. Mais à partir du moment où vous avez déterminé votre capacité d'épargne mensuelle, **IL NE SERT À RIEN D'ATTENDRE LA FIN DU MOIS POUR ALIMENTER VOS DIFFÉRENTS LIVRETS D'ÉPARGNE.** N'hésitez pas à faire des virements automatiques, sachant que leur montant est toujours modifiable en cas de changement de situation.

Si vous avez des rentrées d'argent exceptionnelles, comme des bonus ou primes de fin d'année, prenez l'habitude de considérer ces sommes comme une source d'épargne et d'en mettre systématiquement au moins 50 % de côté pour un objectif précis.

- 42 -

DÉCLAREZ LA GUERRE à vos crédits conso !

Il est important de rappeler que, dans la guerre contre les dettes, 80 % du succès est lié à votre attitude et à votre mental, et seulement 20 % à vos connaissances financières. Il est plutôt facile et rapide d'obtenir ces 20 % (vous êtes déjà en train de le faire en lisant ce livre, par exemple). Les 80 % restants dépendront entièrement de vous. Il va falloir sortir la tête du sable, arrêter de penser que tout est de la faute des autres et affronter vos problèmes avec méthode.

Ensuite, il faut trouver les bons outils pour progresser. Une méthode, notamment, permet d'accélérer le remboursement de vos crédits : **LA MÉTHODE BOULE DE NEIGE** (méthode *snowball* en anglais). Je l'ai utilisée pour rembourser plus de 18 000 € en un an et demi. Elle est particulièrement bien adaptée aux personnes qui ont accumulé plusieurs crédits à la consommation (comme c'était mon cas).

LE SAVIEZ-VOUS ?

C'est en traînant sur les blogs américains de la communauté debt-free (« libre de dettes ») que j'ai découvert qu'il existait différentes méthodes pour rembourser plus rapidement les dettes accumulées. Il faut dire que nos amis des États-Unis sont des champions de l'endettement. Il n'est pas rare de voir des personnes qui cumulent une dizaine de crédits différents (dont beaucoup sur des cartes de crédit proposant des taux supérieurs à 20 %).

La méthode boule de neige a gagné en popularité ces dernières années grâce à Dave Ramsey, une personnalité de la télévision américaine qui, en plus d'éduquer son public à la gestion de l'argent et à l'investissement, en a posé les bases.

Vous allez voir : elle est assez simple mathématiquement parlant, mais toute sa difficulté réside dans la mise en œuvre de la stratégie pour qu'elle tienne sur la durée. **LA BATAILLE NE PEUT PAS ÊTRE GAGNÉE SANS DE LA RIGUEUR ET UN SERRAGE DE LA CEINTURE.**

Quel est son principe ? **REGARDER LES DETTES COMME UN ENSEMBLE ET ACCEPTER QUE, TANT QU'ON N'A PAS REMBOURSÉ TOUTES LES DETTES, LES SOMMES CONSACRÉES AUX PAIEMENTS DES CRÉDITS NE DIMINUENT PAS,** même après avoir soldé un à un les premiers crédits (*what ?* eh oui, c'est ça le plus dur).

L'idée de base de la méthode consiste à arrêter de saupoudrer toutes vos dettes, mais à mettre tous vos efforts dans le remboursement d'un seul crédit à la fois. Une fois cette dette éliminée, on utilise la mensualité ainsi libérée pour rembourser un autre crédit. Puis cette opération est répétée jusqu'à ce que toutes les dettes soient soldées.

MONTANT EMPRUNTÉ
15 000 €
CRÉDIT
CONSO
MMATION
500
1000
1500
2000
2500
3000
3500
4000
4500
5000
5500
6000
6500
7000
7500
8000
8500
9000
9500
10000
10500
11000
11500
12000
12500
13000
13500
14000
14500
15000
La petite budgeteuse
MONTANT EMPRUNTÉ
9500 €
CRÉDIT
TRAVAUX
La petite budgeteuse
10/10/2017
MONTANT EMPRUNTÉ
120 000 €
CRÉDIT
MAISON
4 000
8 000
12 000
16 000
20 000
24 000
28 000
32 000
36 000
40 000
44 000
48 000
52 000
56 000
60 000
64 000
68 000
72 000
76 000
80 000
84 000
88 000
92 000
96 000
100 000
104 000
108 000
112 000

C'est difficile, et personne ne vous dira le contraire, mais ça en vaut la peine.

Beaucoup de gens pensent que vivre à crédit et rembourser des mensualités toute son existence est une fatalité. Que c'est « normal » d'avoir des dettes. Cependant, avec de la volonté, il est possible de tout rembourser et de se débarrasser de ses emprunts pour profiter pleinement de sa liberté.

Je vais vous expliquer comment ça fonctionne en se basant sur mon propre exemple. Les tableaux viennent d'Excel et sont téléchargeables gratuitement sur le site : https://www.vertex42.com/Calculators/debt-reduction-calculator.html

1. LISTER LES DETTES

Tout d'abord, **ON DRESSE LA LISTE DE TOUTES SES DETTES.** Cela comprend la petite mensualité qu'on paie pour l'achat du dernier téléphone, en passant par le crédit de la voiture jusqu'au crédit immobilier. **ON LES CLASSE PAR SOLDE RESTANT À REMBOURSER, DANS L'ORDRE CROISSANT** (du plus petit au plus grand).
Voici mes crédits à la consommation ainsi listés en août 2019.

Informations sur vos crédits

Crédits	Solde à payer	Taux %	Mensualités	Intérêts mensuels
Voiture	3066,00	0,95%	280,00 €	2,43 €
Travaux	5190,00	0,95%	201,00 €	4,11 €
Consommation	9441,00	0,95%	318,00 €	7,48 €
				-
				-
				-
Total :	17 697,00 €		799,00 €	

J'avais donc trois crédits pour une mensualité totale de 799 € dont 186,97 € qui représentaient des intérêts.
En ce qui concerne la durée, l'ensemble de mes crédits à la consommation devait prendre fin en mars 2022.

Stratégie : État actuel — Choisissez la stratégie

Crédits	Solde à payer	Intérêts	Nr mois restants	Fin de crédit
Voiture	3066,00	11,60	12	Aug-2020
Travaux	5190,00	55,86	27	Nov-2021
Consommation	9441,00	116,51	31	Mar-2022
				-
				-
				-

Total des intérêts payés : 186,97 Libre de dettes : Mar-2022

2. CHOISIR LA STRATÉGIE

C'est là que jouer avec ce tableau devient à la fois vraiment amusant et déconcertant. Car on se rend compte qu'en fonction de nos possibilités et de nos objectifs, **QUELQUES CHANGEMENTS MINIMES PEUVENT AVOIR DE GRANDES RÉPERCUSSIONS** sur la durée des remboursements et le montant des intérêts payés.
Il y a trois possibilités :

- Garder le même montant global consacré aux crédits, mais jouer sur la modularité des échéances entre les différents crédits pour accélérer les remboursements.
- Rajouter une petite somme dès le départ pour donner un coup de fouet à la boule de neige.
- Se servir de son épargne pour rembourser par anticipation une partie ou la totalité du plus petit crédit pour amorcer la boule de neige.

Il est tout à fait possible de faire des mix entre ces possibilités.

En suivant une logique économique, on aurait tendance à s'attaquer d'abord à la dette qui a le taux d'intérêt le plus élevé (et donc qui nous coûte le plus). La raison pour laquelle on fait abstraction des taux d'intérêt et qu'on commence par rembourser le plus petit crédit est que cela booste la motivation (ça fait tellement du bien de voir les dettes disparaître une à une) et que cela permet de faire grossir rapidement la boule de neige.

3. MODIFIER LES MENSUALITÉS DES CRÉDITS

Dans tous les cas, **LA MODIFICATION DES ÉCHÉANCES DE VOS CRÉDITS SERA NÉCESSAIRE**. La plupart des banques incluent la modularité dans leurs contrats de crédit à la consommation et autorisent une baisse de 30 % impliquant un rallongement de leur durée. C'est plus compliqué pour les crédits immobiliers.

Après avoir regardé les contrats de mes crédits, j'ai compris que la démarche pour modifier les échéances de mon crédit immobilier serait trop compliquée. En revanche, la modification des crédits à la consommation était relativement simple et coûtait 30 € par opération.

L'IDÉAL EST DE MODIFIER À LA BAISSE TOUTES LES ÉCHÉANCES, SAUF LA PREMIÈRE. L'ARGENT AINSI RÉCUPÉRÉ SERA RAJOUTÉ À LA MENSUALITÉ DU PREMIER CRÉDIT À REMBOURSER.

Revenons à mon exemple. Dans le tableau ci-contre vous pouvez voir que j'ai gardé le même montant mensuel consacré au remboursement de mes dettes (799 €). J'ai modifié la répartition de mes remboursements à l'intérieur. J'ai baissé de 30 % la mensualité des crédits conso et travaux et j'ai rajouté la différence à mon crédit auto (le plus petit).

	Mensualités de départ	Mensualités après la modification
Voiture	280,00 €	2,43 €
Travaux	201,00 €	4,11 €
Consommation	318,00 €	7,48 €
Total :	799,00 €	799,00 €

> Accepter de ne pas voir baisser ses mensualités lorsqu'un crédit prend fin est un sacré sacrifice, je te l'accorde. Mais jette un coup d'œil sur le résultat ! Ça en vaut la peine, non ?

4. FAIRE ROULER LA BOULE DE NEIGE

Faire rouler la boule de neige signifie **AJOUTER LES MONTANT DE LA MENSUALITÉ DE CRÉDIT QUI PREND FIN À LA MENSUALITÉ DU CRÉDIT SUIVANT.** Cela veut bien sûr dire que le montant global (pour moi 799 €) reste stable même quand les crédits disparaissent un à un.

Avant

Stratégie : État actuel — Choisissez la statégie

Crédits	Solde à payer	Intérêts	Nr mois restants	Fin de crédit
Voiture	3066,00	14,60	12	Aug-2020
Travaux	5190,00	55,86	27	Nov-2021
Consommation	9441,00	116,51	31	Mar-2022
				-
				-
				-
Total des intérêts payés :		186,97	Libre de dettes :	Mar-2022

Après

Stratégie : Snowball (Le solde restant le plus petit en 1er) — Choisissez la statégie

Crédits	Solde à payer	Intérêts	Nr mois restants	Fin de crédit
Voiture	3066,00	14,60	12	Aug-2020
Travaux	5190,00	45,35	18	Feb-2021
Consommation	9441,00	104,20	23	Jul-2021
				-
				-
				-
Total des intérêts payés :		164,15	Libre de dettes :	Jul-2021

Dettes remboursées en totalité 9 mois plus tôt que prévu,
en changeant simplement la répartition
de mes remboursements à l'intérieur de mes trois crédits !

En réalité, j'ai remboursé mes crédits à la consommation beaucoup plus vite que ce que j'avais planifié. En envoyant systématiquement chaque euro disponible dans le remboursement de mes dettes, j'ai **TERMINÉ MON CRÉDIT** voiture en novembre 2019, le crédit travaux en mai 2020… et j'ai effectué le dernier paiement pour mon crédit à la consommation en décembre 2020. Retrouver en pages suivantes un modèle pour suivre vos crédits conso !

MONTANT EMPRUNTÉ

CREDIT

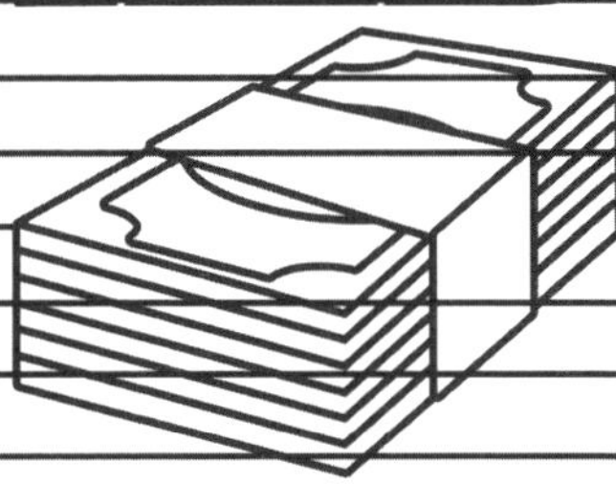

CONSO
MMATION

- 43 -

AU SECOURS, *je vais dépasser mon budget !*

Dans la méthode budget zéro, le principe phare consiste à essayer d'attribuer une utilisation à chaque euro des ressources disponibles pour le mois.

Le problème, c'est qu'il est **IMPOSSIBLE DE TOUT PRÉVOIR.** Parfois, l'imprévu prend la forme d'un oubli (une facture trimestrielle que l'on zappe), parfois, d'un événement nécessitant une dépense (un PV, par exemple).

Bref, des dépenses imprévues, il y en a tout le temps, et c'est fatigant parce que cela remet en cause le budget qu'on a fait au début du mois. **C'EST DÉCOURAGEANT, FRUSTRANT...** et je crois que cela peut être une des causes pour laquelle les gens abandonnent le suivi de leur budget (#foutupourfoutu).

QUELLE POSITION ADOPTER VIS-À-VIS DE CE PROBLÈME ? Tout d'abord, accepter que les dépenses imprévues fassent partie intégrante de la gestion financière (merci de relire cette phrase trois fois).

PUIS RÉFLÉCHIR AUX STRATÉGIES À METTRE EN PLACE pour limiter la casse quand elles surviennent.

L'astuce
On limite la casse en...

- Constituant un fonds d'urgence pour faire face à une dépense imprévue qui pourrait mettre vos comptes dans le rouge ;
- Créant une enveloppe « divers/imprévus » dans votre budget mensuel. Et si aucun imprévu ne pointe le bout de son nez... vous pourrez épargner cette somme (ou vous faire plaisir avec).
- Cherchant à restreindre les autres postes de dépenses pour compenser. Essayez de ne pas piocher dans votre épargne si vous avez la possibilité de piocher dans une autre catégorie de dépenses ;
- Vous montrant ingénieux : on essaie de trouver de l'argent en vendant les choses qui ne vous servent plus. De coquettes sommes dorment parfois dans nos placards !

Attention : une nouvelle paire de chaussures n'est ni une urgence ni un imprévu : sois honnête avec toi-même et respecte les règles que tu as établies !

Pour finir, **SACHEZ QUE CE N'EST PAS GRAVE SI TOUT NE SE PASSE PAS COMME PRÉVU.** On fait tous des erreurs, on cède parfois à des tentations, on se laisse guider pas nos émotions. On est humain et on a droit de se tromper. Si vous avez fait des écarts, ne tombez pas dans le « foutu pour foutu » et **N'ABANDONNEZ PAS SUR UN COUP DE TÊTE.** Recommencez, ajustez votre plan et allez de l'avant en essayant de poursuivre vos objectifs comme prévu. Et si, pour une raison ou une autre, le budget vous échappe, n'y renoncez pas tout de suite. **L'ENGAGEMENT EST FINALEMENT PLUS D'ORDRE PSYCHOLOGIQUE QUE MATÉRIEL.**

> *Tout ce que vous avez à faire, c'est de rester sur la route et de faire le vœu de rester sur la route. Peu importe si vous tombez.*

- 44 -

OFFREZ UNE CURE DE DÉTOX *à vos finances*

Comme il est bon d'offrir de temps en temps à son corps une petite cure de jeûne en mode détox, ce régime marche merveilleusement bien aussi sur les finances. On sait tous qu'il est impossible de ne rien dépenser. Il faut bien manger, se loger, payer les crédits, les factures et affronter les imprévus (qui ont une fâcheuse tendance à surgir quand on s'y attend le moins). Mais si nos finances ont besoin d'une cure, il est toujours possible de le faire en **CHOISISSANT LE OU LES CATÉGORIES DE DÉPENSES DONT ON PEUT ESSAYER DE SE PASSER PENDANT UN MOIS**. Alors… partant pour un défi zéro dépenses ?

Attention !
Les règles du jeu sont différentes pour chaque personne, car nous avons tous des situations et des motivations diverses.

DÉTERMINER CE QUI VOUS MOTIVE À LE FAIRE. Vous avez besoin de constituer une épargne d'urgence, sortir de votre découvert, acheter quelque chose que vous souhaitez acquérir depuis longtemps ou tout simplement être plus conscient de vos dépenses et supprimer les dépenses dont vous pouvez facilement vous passer ? Définissez clairement votre motivation et votre but. Le défi zéro dépenses sera plus amusant si vous savez ce que vous allez faire avec l'argent ainsi épargné.

CAS CONCRET

Quelques idées d'objectifs pour un défi zéro dépenses :

- Mettre X € dans mon épargne d'urgence.
- Utiliser les X € pour un remboursement anticipé de mon crédit.
- Réduire mon découvert de moitié.
- Mettre X € de côté pour m'offrir cette chose dont je rêve.

FIXEZ-VOUS CLAIREMENT LES RÈGLES DU JEU. Il n'y a pas de règles gravées dans le marbre pour un mois zéro dépenses. Le but est simplement de dépenser le moins possible pour atteindre un objectif.

Vous pouvez faire le choix de dépenser uniquement pour les choses essentielles et vous interdire les dépenses superflues : habits, produits de beauté, livres, objets déco, bricolage, repas pris à l'extérieur ou livrés.

Vous pouvez aussi vous fixer le nombre de jours dans le mois sans aucune dépense à avoir. Les dépenses qui sont prélevées en automatique sur votre compte bancaire ou les factures que vous n'avez pas le choix de payer ne comptent pas.

FAITES VOTRE BUDGET PRÉVISIONNEL AVEC LA MÉTHODE BUDGET ZÉRO POUR VOUS DONNER UN OBJECTIF CHIFFRÉ. C'est la meilleure façon pour estimer combien il vous restera à la fin du mois si vous suivez les règles que vous avez déterminées. De plus, cela va vous aider à décider quelles dépenses garder ou non pour pouvoir atteindre votre objectif.

> Attention, l'idée n'est pas de te priver pendant 20 jours pour dépenser sans compter les 10 jours restants !

CHOISISSEZ BIEN VOTRE MOIS. Faites ce challenge sur un mois sans événements comme les anniversaires, les vacances, les déplacements.

VISUALISEZ VOS PROGRÈS. Une note dans votre téléphone ou un petit dessin accroché sur le frigo vous aideront à rester motivé et rendront le défi beaucoup plus ludique.

MISSION ZÉRO DÉPENSES N° 1

Quelle est la motivation profonde qui vous pousse à vous lancer ce défi ?

- [ ] Épargner pour faire enfin le *road trip* de mes rêves.
- [ ] Économiser pour offrir les plus beaux cadeaux de noël à mes proches.
- [ ] Autres : ....

Quel but précis souhaitez-vous atteindre ?

....

Quelle est, très précisément, votre stratégie zéro dépenses ? Sur quels postes allez-vous réduire ou supprimer vos dépenses ? Comment ?

....

....

Quel mois est-ce que vous choisissez et pourquoi ?

....

Listez ici au fur et à mesure toutes les dépenses non effectuées.

- ....
- ....
- ....
- ....
- ....

Total = ...

MISSION ZÉRO DÉPENSES N° 2

Quelle est la motivation profonde qui vous pousse à vous lancer ce défi ?

Quel but précis souhaitez-vous atteindre ?

Quelle est, très précisément, votre stratégie zéro dépense ? Sur quels postes allez-vous réduire ou supprimer vos dépenses ? Comment ?

Quel mois est-ce que vous choisissez et pourquoi ?

Listez ici au fur et à mesure toutes les dépenses non effectuées.

-
-
-
-
-

Total =

- 45 -

COMMENT VIVRE *selon ses moyens*

quand on a des revenus variables ?

Si vous êtes travailleur indépendant, saisonnier ou si une partie de vos salaires sont calculés en fonction de vos performances, vos revenus peuvent être différents d'un mois sur l'autre. **ALORS, ON NE VA PAS SE MENTIR : IL EST PLUS COMPLIQUÉ DE BIEN GÉRER SON ARGENT LORSQU'ON A DES REVENUS VARIABLES.** C'est précisément pour cela qu'une bonne gestion budgétaire est alors plus que nécessaire !

Bien évidemment, tout dépend de votre situation et du niveau de fluctuation de vos revenus. Mais une chose est sûre : vivre chaque mois en fonction du revenu variable que vous recevez n'est vraiment pas une bonne solution. Pourquoi ?

Tout simplement parce que, pendant que vos ressources (revenus) fluctuent d'un mois à l'autre, vos charges (dépenses) restent les mêmes.

POUR ÉVITER LES MONTAGES RUSSES, IL FAUT ESSAYER DE GARDER UNE CERTAINE CONSTANCE DANS SES DÉPENSES D'UN MOIS SUR L'AUTRE, histoire d'éviter d'alterner les périodes où on se sent comme Rockefeller et celles où on ne mange que des pâtes. Comment ? En gardant la tête froide quand on a un excellent mois et en se constituant alors une épargne de précaution suffisante pour traverser les périodes creuses.

Il sera donc nécessaire d'avoir une vision plus large qu'un seul mois pour s'organiser.

AVANT TOUTE CHOSE, IL VOUS FAUT CALCULER LA SOMME EXACTE DONT VOUS AVEZ BESOIN CHAQUE MOIS POUR VIVRE DÉCEMMENT, c'est-à-dire pour payer toutes vos factures, vous nourrir et avoir de quoi couvrir vos dépenses variables courantes. On peut aussi dire que c'est votre minimum : en dessous de ce seuil, vous commencez à vous sentir dans l'inconfort, voire en difficulté.

Bien évidemment, dans le cas d'un revenu variable, on connaît rarement à l'avance son montant exact. Il est donc d'autant plus important d'effectuer un suivi régulier de son budget, de sous-estimer les revenus et de surestimer les dépenses exceptionnelles.

PRENONS UN EXEMPLE... Disons que votre revenu nécessaire pour vivre est de 1 500 € par mois, soit 18 000 € par an. Prenons le cas de revenus variables incluant une rémunération fixe de 1 200 € + une commission qui peut aller de 25 % à 70 %.

	1200 €	1500 €	1800 €	2000 €
Janvier				
Février				
Mars				
Avril				
Mai				
Juin				
Juillet				
Août				
Septembre				
Octobre				
Novembre				
Décembre				

SUR UNE ANNÉE, ON A :

- 2 mois à 1 200 €
- 4 mois à 1 500 €
- 3 mois à 1 800 €
- 3 mois à 2 000 €

La personne concernée va devoir utiliser les sommes qui excèdent les 1 500 € par mois (en mars, avril, mai et décembre) pour constituer un fonds d'épargne de 600 € au minimum, qui sera utilisé en juillet et août pour compenser l'absence de primes en été.

2 ASTUCES

- Mieux vaut peut-être partir chaque mois du revenu que vous êtes certain d'avoir, car le fait de le surestimer peut facilement vous faire trop dépenser et finir le mois à découvert. Une fois votre revenu définitif connu, s'il est plus important, vous pourrez toujours réajuster vos dépenses à la hausse !
- Pour faciliter votre gestion, pourquoi ne pas bâtir votre budget sur la base des revenus du mois précédent ? Si vous adoptez cette stratégie, il vous sera nécessaire de disposer d'une trésorerie équivalente à au moins un mois de vos dépenses.

WELCOME TO THE MINSGAME !

La règle est simple : vendez ou donnez des objets tous les jours pour vous entourer du nécessaire. Le nombre d'objets augmente de jour en jour.

Exemple : Jour 1 : 1 objet / Jour 2 : 2 objets / Jour 3 : 3 objets... etc !

	Objets à vendre ou à donner
Jour 1	
Jour 2	
Jour 3	
Jour 4	
Jour 5	
Jour 6	
Jour 7	
Jour 8	
Jour 9	
Jour 10	
Jour 11	
Jour 12	
Jour 13	
Jour 14	
Jour 15	
Jour 16	
Jour 17	
Jour 18	
Jour 19	
Jour 20	
Jour 21	
Jour 22	
Jour 23	
Jour 24	
Jour 25	
Jour 26	
Jour 27	
Jour 28	
Jour 29	
Jour 30	

- 46 -

PRENEZ (UNE BONNE FOIS POUR TOUTES) de bonnes habitudes budgétaires

Mettre en place des habitudes semble fastidieux au départ, parce qu'il faut y réfléchir et faire évoluer sa façon de fonctionner (ce qui n'est jamais simple). Mais ensuite, **LES AUTOMATISMES SONT D'UN GRAND CONFORT PARCE QU'ILS ALLÈGENT NOTRE CHARGE MENTALE.** Avec les habitudes budgétaires, tout est plus simple !

LA PREMIÈRE HABITUDE QUE J'AI CRÉÉE EST LA MISE EN PLACE DE RENDEZ-VOUS RÉGULIERS AVEC MON ARGENT. Le premier à lieu le jour où il arrive (c'est-à-dire le jour de paie) ou au plus tard le lendemain. Cela me permet de mettre à plat les règles du jeu pour le mois entier. Aucun malentendu entre nous : il (mon argent) sait que la confiance n'exclut pas le contrôle et que je serai là pour regarder s'il ne s'échappe pas en douce (c'est sa spécialité).

- Je commence toujours par dépenser mon argent sur papier en établissant un budget prévisionnel pour le mois. Je décide théoriquement à quoi je vais l'utiliser, je trouve une utilité pour chaque euro de mon revenu. Moins il y a de flux, plus le contrôle que j'exerce sur mes finances est grand.
- J'effectue ensuite les virements vers mes comptes épargne et je fais les transferts entre les comptes pour que tous les prélèvements soient couverts.
- Je peux ensuite aller à la banque et faire le retrait des espèces pour garnir mes enveloppes.

PUIS DURANT LE MOIS, TOUS LES 3 OU 4 JOURS, JE PRENDS UNE DIZAINE DE MINUTES, souvent le matin en prenant mon café, pour noter mes dépenses et regarder mes comptes afin de vérifier que tout se déroule suivant le plan que j'ai concocté en début du mois. Si ce n'est pas le cas, j'ai le temps de chercher une solution et de m'adapter pour que la fin du mois ne soit pas difficile.

Je n'ai peut-être pas de bonnes habitudes alimentaires, mais personne ne peut plus me dire que je n'ai pas de bonnes habitudes budgétaires... Résultat ? J'ai des kilos en trop, mais j'ai une santé financière en béton !

J'aime ces petits rendez-vous avec mon argent. Parfois, il m'énerve, mais globalement, il m'obéit. Parce que finalement, s'il déconne parfois, c'est parce qu'on ne s'occupe pas assez de lui. Si on ne lui fixe pas de règles ni de limites, comme beaucoup de monde, il part en vrille. Est-ce sa faute ou la mienne ?

N'oublions pas qu'on passe plusieurs dizaines d'heures par mois à travailler pour gagner de l'argent. Pourquoi alors est-on tellement réticent à consacrer quelques heures dans le mois pour s'occuper de l'argent que nous avons gagné ?

J'ai maintenant suffisamment de recul pour savoir que **J'AIME CONSACRER DU TEMPS À LA GESTION DE MON ARGENT.** Or il existe des personnes qui ne prendront jamais plaisir à le faire. Tout ce que j'ai expliqué dans ce livre leur semblera trop contraignant, trop chronophage. Je leur répondrais qu'il est important d'essayer… Qui sait, peut-être se découvriront-ils une nouvelle passion ? Si cela n'est pas le cas, il y a forcément une méthode qui peut s'adapter à leur vie et les accompagner vers une amélioration.

À chacun ses relations avec l'argent !

- Il y a ceux qui ne font jamais de budget et qui se portent, financièrement parlant, à merveille.
- Il y a ceux pour qui il suffit d'avoir un budget annuel ou une idée des montants « grosso modo » et qui se contentent de jeter un petit coup d'œil sur leurs comptes de temps en temps pour savoir où ils en sont.
- Il y a ceux qui ont besoin de garder le contrôle en établissant un suivi plus minutieux et un budget mensuel.
- Il y a ceux qui ne jurent que par Excel et ceux qui adorent tout faire sur papier. Il y a même ceux qui mixent les deux.
- Il y a ceux qui s'occupent de leur argent parce qu'ils aiment le faire, et d'autres qui détestent, mais qui le font quand même.

LA MEILLEURE MÉTHODE, C'EST CELLE QUI VA RÉPONDRE À VOTRE PROBLÉMATIQUE ET QUI VA VOUS AIDER À VIVRE SEREINEMENT VOTRE RELATION AVEC L'ARGENT. C'est aussi celle qui va vous permettre d'avoir une épargne suffisante pour vos projets.

VOS ROUTINES BUDGÉTAIRES

Il y a des rendez-vous avec votre argent que vous ne voulez pas négliger ? Oui, mais lesquels ?

Cochez les cases qui correspondent aux rendez-vous que vous ne voulez pas manquer.

Au quotidien

- ☐ Jeter un coup d'œil sur mes comptes bancaires
- ☐ Enregistrer mes dépenses dans mon suivi

Toutes les semaines

- ☐ Ajuster mon budget si la réalité ne correspond pas à mes prévisions

Tous les mois

- ☐ Faire mon budget prévisionnel et fixer les priorités pour le mois à venir
- ☐ Clôturer le budget à la fin du mois
- ☐ Calculer ma valeur nette

Tous les ans

- ☐ Faire le point sur mes crédits et assurances
- ☐ Faire un bilan de l'année pour voir l'évolution de ma situation financière

NOVEMBRE
BUDGET MENSUEL
TOTAL
DESCRIPTIF
SOLDE
Notes

Mon moment
DIY

LES TUTOS DE LA PETITE BUDGETEUSE : FABRIQUEZ VOS ENVELOPPES !

Un beau papier et de vos dix doigts suffiront
pour réaliser vos futures meilleures orig-amies !

Avec ces jolis fonds colorés, vous aurez de quoi vous fabriquer une mini-enveloppe où vous pourrez glisser vos billets pliés en deux, ainsi que quelques pièces. Envie d'une enveloppe plus grande ? N'hésitez pas à scanner ces fonds pour les agrandir au format d'une feuille A4 !

1. Détachez soigneusement le fond coloré de votre choix. Posez cette demi-feuille à plat devant vous.

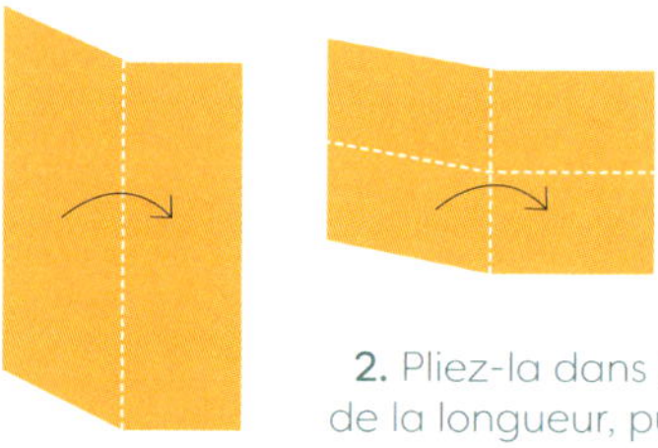

2. Pliez-la dans le sens de la longueur, puis dans le sens de la largeur. Votre demi-feuille est à présent divisée en 4 rectangles identiques.

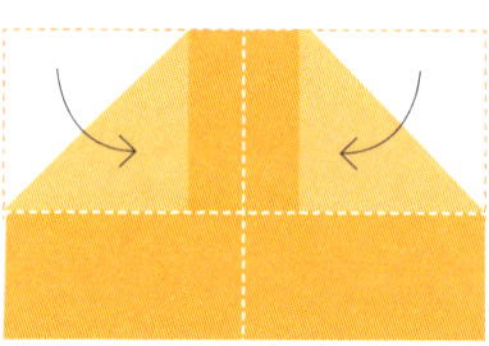

3. Pliez sur lui-même le rectangle supérieur droit, en rabattant son coin sur la pliure horizontale au centre de la demi-feuille. Marquez bien le pli à droite. Faites de même avec le rectangle supérieur gauche.

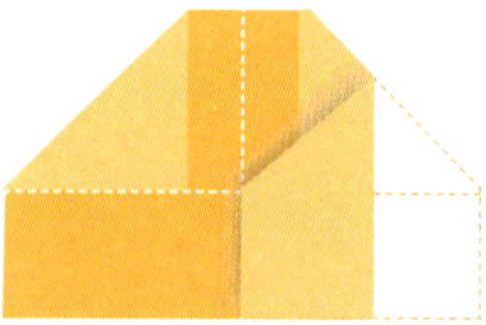

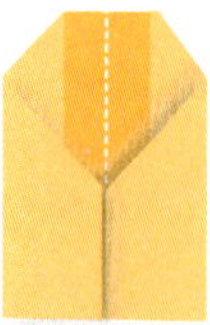

4. Ensuite, pliez sur elle-même toute la moitié droite de votre demi-feuille, en la rabattant sur la pliure verticale au centre. Faites de même avec la moitié gauche. Marquez bien les plis de chaque côté.

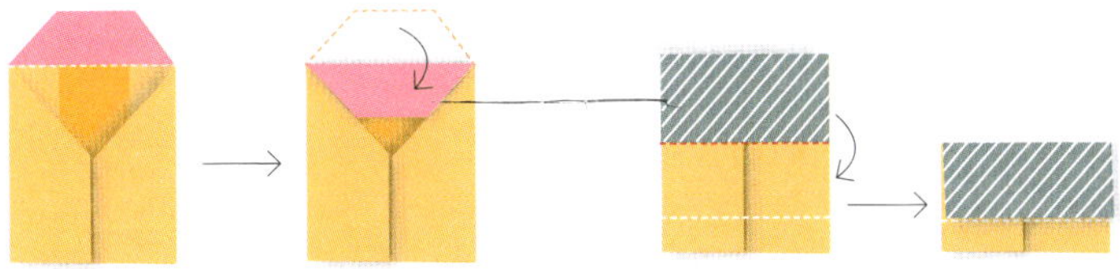

5. Allez, on s'occupe du haut ! Rabattez la bande de papier colorée en rose, de manière à former un triangle au centre de la partie inférieure, colorée en gris. Marquez bien le pli – super, vous venez de réaliser le rabat de votre future enveloppe !

6. Ensuite, en suivant la pliure en pointillés rouges, repliez la partie en vert sur la partie inférieure de votre enveloppe. La partie en orange doit dépasser.

7. Ensuite, par-dessus la partie en vert, pliez la partie en orange. Même si elle est récalcitrante, marquez bien le pli, c'est important pour l'étape 9 !

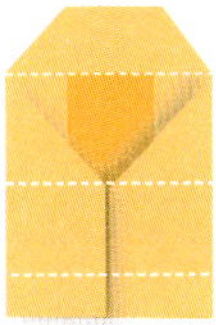

8. Dépliez ensuite le tout pour revenir dans la même position qu'à l'étape 5. Assurez-vous que les plis sont bien marqués sur les zones en pointillés. C'est tout bon ? Alors c'est reparti !

9. Cette fois, en suivant la pliure en pointillés ci-dessus, repliez la partie rose sur la partie orange. Puis, derrière les rabats triangulaires de la partie supérieure (zone en vert), insérez délicatement la partie en bleu. Si vous avez bien marqué les plis, tout devrait s'emboîter sans problème !

10. Et voilà le travail : une mini-enveloppe toute mignonne, parfaite pour vos espèces sonnantes et trébuchantes ! En guise de touche finale, n'hésitez pas à fixer le rabat avec un joli petit morceau de scotch coloré ou à motifs !

INDEX

PAPIER À BASE DE FIBRES CERTIFIÉES

LAROUSSE s'engage pour l'environnement en réduisant l'empreinte carbone de ses livres. Celle de cet exemplaire est de :
1,4 kg éq. CO_2
Rendez-vous sur www.larousse-durable.fr

ISBN : 978-2-03-601069-7

Imprimé en Espagne par Grafo
Dépôt légal : février 2022
329199/01 – 11048126 – décembre 2021

Toutes les photos et images sont issues de © Shutterstock, à l'exception de :
© Anna Gasiorowska : p. 6 bd, 9 b, 10, 14, 90, 100, 107, 111, 130, 178 hd, 191, 197, 215, 220.

Pour les Éditions Larousse, le principe est d'utiliser des papiers composés de fibres naturelles, renouvelables, recyclables et fabriquées à partir de bois issus de forêts qui adoptent un système d'aménagement durable. En outre, les Éditions Larousse attendent de leurs fournisseurs de papier qu'ils s'inscrivent dans une démarche de certification environnementale reconnue.